Eigentlich sollte die auf den ersten Blick gesichtslose Rue Edel im malerischen Straßburg nur eine Übergangslösung sein, als die junge Familie in den achtziger Jahren aus dem grauen Ost-Berlin dort ankam. Sobald wie möglich wollte man weiterziehen, in eine schönere Gegend. Die Rue Edel, Straße ›des Anfangs und des Ankommens‹, liegt fernab von elsässischer Romantik und Beschaulichkeit, und das Wohnhaus ist ein schlichter und hellhöriger Bau aus den Fünfzigern. Doch über die Jahre ist es unvorstellbar geworden, die Rue Edel gegen eine edlere oder schönere Straße einzutauschen. Menschen aus aller Welt, Hunde und Katzen, ein paar Verrückte – und wenn die Sonne scheint, stellt der türkische Kurde vor seinem Laden die Stühle raus, für die Völkerverständigung. Die Rue Edel ist die ganze bunte Welt im Kleinen, mit Mord und Totschlag, dem Schmerz der Erinnerung und der Hoffnung auf Neuanfang. Einfühlsam und packend zugleich erzählt die Autorin vom Eingewöhnen in der Fremde, bis das neue Leben zur zweiten Haut wird.

Barbara Honigmann, 1949 in Ost-Berlin geboren, arbeitete als Dramaturgin und Regisseurin. Honigmanns autobiographisch-poetisches Werk wurde mit zahlreichen Preisen ausgezeichnet, u.a. dem Kleist-Preis, dem Solothurner Literaturpreis, dem Elisabeth-Langgässer-Literaturpreis und dem Ricarda-Huch-Preis.

Barbara Honigmann

Chronik meiner Straße

Roman

dtv

Von Barbara Honigmann
sind bei dtv außerdem erschienen:
Bilder von A. (14240)
Alles, alles Liebe! (13135)
Damals, dann und danach (13008)
Eine Liebe aus nichts (13716)
Ein Kapitel aus meinem Leben (13478)
Soharas Reise (13843)
Roman von einem Kinde (12893)

Ausführliche Informationen über
unsere Autoren und Bücher
www.dtv.de

MIX
Papier aus verantwortungsvollen Quellen
FSC® C019821

2. Auflage 2017
2016 dtv Verlagsgesellschaft mbH & Co. KG, München
Lizenzausgabe mit Genehmigung des Carl Hanser Verlag, München

Umschlaggestaltung: Wildes Blut, Atelier für Gestaltung,
Stephanie Weischer unter Verwendung des Bildes
›Girardon no 5‹ (2004) von Daniel Clarke
(bridgemanart.com/Private Collection)
Gesamtherstellung: Druckerei C.H.Beck, Nördlingen
Gedruckt auf säurefreiem, chlorfrei gebleichtem Papier
Printed in Germany · ISBN 978-3-423-14542-8

Wenn wir sagen, daß wir in der Rue Edel wohnen, antwortet man uns meistens, ach ja, da haben wir am Anfang auch gewohnt.

Unsere Straße scheint also eine Straße des Anfangs und des Ankommens zu sein, bevor man nämlich in die besseren Viertel umzieht, die ruhiger sind und in deren Häusern nur zwei, drei Parteien wohnen, Häuser, die von kleinen oder größeren Gärten umgeben sind und in der Nähe von Parks liegen oder des Europa Parlaments, oder aus deren Fenster man einen Blick auf die Kathedrale hat oder auf die Ill, die ein Nebenfluß des Rheins ist und die Altstadt von Straßburg einschließt.

Von alldem hat unsere Straße gar nichts, Bäume oder Sträucher oder sonst etwas Grünes gibt es in unserer Straße nicht, keine Gärten, keine Parks in unmittelbarer Nähe, kein Europa Parlament, keine Kathedrale und keine Ill, dem Blick bietet sich nichts als die baumlose Straße und die gegenüberliegenden Häuser, von denen einige sehr häßliche Betonklötzer sind, schnell in eine Baulücke gesetzt; eine Freundin, die mit ihren Eltern hier auch am Anfang gewohnt hat, erinnert sich noch, daß sie als Kind in einer solchen Lücke Ball spielte.

Als wir einzogen, am Anfang, vor langer Zeit, sagten wir ja auch, das Haus ist häßlich, die Straße triste, die Gegend öde, nahe dem öden Neubauviertel, wir ziehen jetzt nur schnell ein, damit wir erst einmal einen Platz für uns und die Kinder und unsere Kisten und Kartons haben und unsere Koffer auspacken können, nach Wochen, in denen wir in provisorischen Unterkünften nur aus dem Koffer gelebt haben, und danach, bald, in den nächsten Monaten, werden wir in Ruhe eine neue Wohnung in einer anderen, schöneren Gegend suchen. Und haben nur das Nötigste ausgepackt, Küchengerätschaften und Kleider und Spielsachen und Bücher. Vieles andere ließen wir in den Kisten und Kartons liegen, wo es zum Teil immer noch liegt, denn wir sind hier nie ausgezogen und wohnen heute noch in der Straße, in der man eigentlich nur »am Anfang« wohnt.

Wahrscheinlich ist unsere Straße eine der östlichsten Straßen Frankreichs, denn sie liegt am östlichen Rand der Innenstadt, wo es nach Deutschland hinübergeht. In der Zeit, als Straßburg deutsch war, wurden gerade hier, in unserer Straße, die allerersten Sozialbauten der Stadt gebaut, ein Komplex aus hundertundeiner Wohnung im Stil der Gründerzeit, ein wohltätiger Bürgermeister hatte testamentarisch das Geld dafür gestiftet; nach ihm ist der Komplex *Cité Spach* benannt und wird heute von der SoCoLoPo, ja, so heißt dieser Verein, das ist natürlich eine Abkürzung, verwaltet, wie man auf einer dort angebrachten Plakette lesen kann. Nachdem die Fassaden vor zwanzig Jahren in hellem und dunklem Ocker restauriert und den Wohnungen Badezimmer eingebaut worden sind, erhielt das Ganze gleich die Weihe eines historischen Monuments, es steht seitdem unter Denkmalschutz und sieht natürlich viel schöner aus als die häßlichen neuen Betonklötzer und auch als unser Haus. Wenn ich jemandem den Weg zu uns beschreibe, sage ich immer, du findest es ganz leicht, unser Haus, denn es ist das zweithäßlichste Haus in der ganzen Straße, das häßlichste steht gegenüber und gehört der Telekom.

Der Zugang zu dem historischen Komplex der hundertundeins Wohnungen von unserer Straße sieht wie eine Einfahrt aus, ist aber in Wirklichkeit keine und deshalb unser bester Parkplatz, von uns »die falsche Einfahrt« genannt, gegenüber einem winzigen Restaurant, das sich irgendwie italienisch gibt und das wir »Tomate« nennen. Die »falsche Einfahrt« ist oft verstellt mit Sperrmüll, alten Kühlschränken, Matratzen, halben Wohnungseinrichtungen oder bloßem Müll, da sieht es dann dort fast nach Slum aus. Noch dazu stehen in der kleinen Straße, die den Komplex durchquert, Tag und Nacht Dealer herum, und zwar unmittelbar neben der Kinderkrippe; seit Jahrzehnten ist das schon so, die Kinderkrippe und die Drogenszene existieren friedlich nebeneinander, die Krippe hat in der Stadt sogar einen sehr guten Ruf, es scheint, auch die Dealer und die Mütter leben unter einer Art Denkmalschutz, in einer Entente, die noch nie gebrochen worden ist. Das chinesische Ehepaar allerdings, die Besitzer des Restaurants *Fleur de lotus* am anderen Ende des Durchgangs, wurde neulich ermordet in der Küche gefunden; der Bruder der Frau soll diese Tat mit den Küchenwerkzeugen, den gewetzten Messern und einer Fleischhacke, vollbracht haben, auf eine ganz grausliche Weise, es habe in der Küche wie in einem Schlachthaus ausgesehen, wurde erzählt. Ein paar Tage danach lagen Blumen und brannten Kerzen vor dem geschlossenen Restaurant *Fleur de lotus*.

Autos haben in unserer Straße aber nur einmal gebrannt, es ist noch kein richtiges Ghetto hier, sondern nur eine sehr gemischte Gegend. Allerdings hauchen oft uralte Autos, vorsintflutliche Modelle mit antiken Nummernschildern, ihr Leben in unserer Straße aus, als seien sie hier zum Sterben abgestellt, und erst nachdem sie vollständig Stück für Stück ausgeräumt worden sind, läßt die Gendarmerie die Wracks schließlich abschleppen.

Am nördlichen Ende der Straße ist eine ehemalige Kaserne vor einigen Jahren in eine *European Business School* umgewandelt worden, von uns Wiwifak genannt, wie die Wirtschaftswissenschaftliche Fakultät in Berlin-Karlshorst, wo ich als Kind wohnte, genannt wurde; sie befand sich auf der anderen Seite des durch S-Bahn-Gleise getrennten Berliner Bezirks, »hinter dem Bahnhof«, wohin wir von »vor dem Bahnhof« eigentlich nie einen Fuß setzten, so daß wir die Wiwifak nur vom Hörensagen kannten. Natürlich gibt es auch hier in Straßburg Stadtviertel, die ich noch nie betreten habe und deren Bewohner mir noch mehr als Ausländer vorkommen als die Leute von dem fremden Volk mit der noch nie gehörten Sprache, die im Nebenhaus wohnen.

Am südlichen Ende der Straße befindet sich die *École internationale*, und der Universitätscampus liegt auch nicht weitab. Von den beiden Nebenstraßen, die von unserer Straße abgehen, führt die eine zur *Brasserie de l'observatoire* und die andere zur Haltestelle der drei Straßenbahnlinien, die in die Innenstadt und die fernen äußeren Stadtteile führen, die wir nie betreten.

Viele Völker wohnen in unserer Straße, und man hört sie in vielerlei Sprachen sprechen. Abgesehen davon, daß die ganze Gegend mit der Zeit immer mehr zu einem jüdischen Viertel geworden ist, liebevoll das zweite Ghetto genannt, leben hier sehr viele Araber, Türken und Kurden, dazu Schwarze in allen Abstufungen von Schwarz, die oft in bunten langen Kleidern und hoch aufstehenden Kopfgebinden daherkommen, und manchmal sieht man auch einen schwarzen Priester im langen, schneeweißen Gewand mit einem goldenen Kreuz darüber durch unsere Straße eilen. Es gibt Pakistani, Inder und Sikhs mit Turbanen und Frauen in Saris, Asiaten, die vielleicht Chinesen oder Japaner oder Koreaner sind, das kann ich nicht erkennen, Portugiesen, Russen und andere Osteuropäer, Albaner, Rumänen, Bosnier. Aber sie drängen sich hier nicht wie in einer Großstadt, Paris etwa, sie laufen gemächlicher und in geringerer Anzahl, wir sind ja hier in der Provinz. Seit dem Kopftuchverbot vor einigen Jahren, haben alle Formen der Verschleierung noch zugenommen, man sieht steife Burkas und fließende Schleiergewänder, doppelte und dreifache Schichtungen in Schwarz oder Dunkelbraun oder das wie ein Zelt wirkende völlige Verhängnis, manchmal auch einfach ein festgezogenes Tuch zu knallengen Hosen und Stöckelschuhen, am meisten aber kopftuchtragende Frauen in dicken unförmigen schwarzen oder braunen Kleidermänteln, bei denen der einzige Farbfleck von dem Werbeprospekt kommt, den sie in der Hand halten und so aufmerksam studieren, als sei es eine heilige Schrift. Sie treten meist als Gruppe auf, die die ganze Breite des Trottoirs einnimmt und sich einem unausweichlich entgegenschiebt, so daß nichts anderes übrigbleibt, als auf die Fahrbahn auszuweichen; da gibt es kein Arrangement, wie wir uns nun den Bürgersteig aufteilen, bitte, danke, Verzeihung, es geht schon, gern geschehen, nein, nur Flucht ist möglich. Wenn ihnen allerdings ein Mann ihres eigenen Stammes entgegenkommt, habe ich beobachtet, öffnen sie die Phalanx, springen geradezu auseinander, weichen zu beiden Rändern des Trottoirs aus und lassen ihn, in einer gut eingeübten Choreographie, vorbeigehen, als nähme er die Parade ab. Natürlich muß er dafür auch entsprechend aufgeplustert daherkommen; ist es nur ein alter marokkanischer Arbeitsloser, muß auch er auf die Straße ausweichen wie ich. Nach irgendeinem Gesetz der Wahrscheinlichkeit kann es auch passieren, daß ich zehn Minuten am Fenster stehe und nur eine einzige Gruppe sehe, nur Schwarze oder nur Verschleierte oder irgendeine andere bestimmte ethnische Gruppe.

Und schließlich leben außer den vielen Völkern auch noch jene hier, die wir das »andere Frankreich« nennen, die nämlich unförmig und dick, ohne *savoir vivre*, ohne Chic und Charme, mit struppigem Haar und in Pantoffeln übers Trottoir schlurfen und im

SoCoLoPo-Komplex aus hundertundeiner Wohnung mit den Schwarzen und Arabern wohnen.

Wie auch sonst in der Weltgeschichte haben sich die Völker in verschiedenen Wellen hier niedergelassen. Die Juden kamen schon mit den Römern den Rhein herauf und haben mit ihnen in der keltisch-germanischen Rheingegend gesiedelt, dann kamen die Franken und Alemannen, viel später Portugiesen, Araber und Berber aus Nordafrika und Schwarze aus den ehemaligen Kolonien, Türken und Kurden, meistens über Deutschland eingewandert, seit dem Mauerfall und den Jugoslawien-Kriegen Osteuropäer und als letzte und immer zahlreicher, durch ihr Aussehen leicht erkennbar, Asiaten, Inder und Pakistani, Chinesen, Japaner und Koreaner, und ganz zuletzt kamen und kommen immer noch Familien kaukasischer Völker. Nachdem das Elsaß von Ludwig XIV. zu Frankreich geschlagen und dann noch ein paarmal zwischen Frankreich und Deutschland hin- und hergeschoben wurde, aber nun seit ziemlich langer Zeit wieder zu Frankreich gehört, sind naturgemäß auch sozusagen richtige Franzosen eingezogen, solche, die man hier »Innerfranzosen« nennt und die diese Identität stolz vor sich her tragen; von früh bis spät beklagen sie sich darüber, wie exiliert sie sich hier fühlen, so als seien sie auf die Toteninsel verbannt, und blicken auf die eingeborenen Elsässer herab, deren Akzent, über den schließlich ganz Frankreich lacht, sie nicht verstehen zu können vorgeben und die sie dick und deutsch finden, was beides natürlich abwertend gemeint ist.

Es ruft, redet, spricht, brüllt und schreit in unserer Straße in unzähligen fremden Sprachen, von denen manche nie gehört und an nichts erinnernd klingen. Ein französisches Wort aber gibt es, das zwischen den fremden Worten regelmäßig immer wiederkehrt: *merde*!

Das ist der Charme unserer Straße – *merde*!

Eine Straße des Ankommens und Anfangens und des Hängenbleibens ist sie eben, unsere Straße. Wir wissen ja nicht genau, was die Leute meinen, wenn sie sagen, ja, da haben wir am Anfang auch gewohnt. Wahrscheinlich meinen sie, tja, manche schaffen es und manche schaffen es eben nicht, aus dieser Straße herauszukommen und in bessere Gegenden zu ziehen. Unsere Straße gehört jedenfalls gar nicht zu einer besseren Gegend. Es gibt sogar Zeiten, in denen wir ihren völligen Absturz befürchten, aber es gibt auch Zeiten, in denen wir sie im Aufschwung erleben. In Wirklichkeit ist es wohl immer beides zugleich, sie schwingt sich nie zu wirklicher Höhe auf und stürzt dafür auch nie völlig in den Abgrund.

Die vielen Völker, die sich hier niedergelassen haben, vermischen sich wenig, ja, sie gehen sich buchstäblich aus dem Weg, laufen auf der Straße aneinander vorbei, nur bei dem neuen Kurden an der Ecke treffen sie sich manchmal; sobald auch nur ein bißchen Sonne scheint, stellt er in einer offensichtlichen Friedensmission Stühle und zwei Tische vor seinen kleinen Laden, und die Leute setzen sich, essen, trinken und reden miteinander. Das wirkt schon viel friedlicher, als wenn die jungen Leute aus dem SoCoLoPo-Komplex von hundertundeiner Wohnung vor der »falschen Einfahrt« herumstehen, ihre Bierflaschen auf den Autos abstellen oder diesen sogar Tritte geben oder aber mit den Einkaufswagen vom Supermarkt dazwischen herumturnen.

Der Kurde spricht schlecht und mit sehr hartem Akzent Französisch, aber er ist mit allen im Gespräch und strahlt Entspannung aus, die es hier braucht, um zwischen den vielen Völkern und dem »anderen Frankreich« zu vermitteln. Wenn es im Sommer richtig heiß wird, stellt er die Stühle auch noch auf der anderen Straßenseite auf, die nämlich am Nachmittag im Schatten liegt, und improvisiert eine »Terrasse« direkt vor der »falschen Einfahrt«. Er mißachtet dabei selbst das Sonntagsruhegebot, das noch aus der Zeit stammt, als das Elsaß deutsch war und Deutschland einen Kaiser hatte, und von späteren französischen Regierungen genausowenig angetastet wurde wie das Konkordat, das ansonsten heute weder in Frankreich noch in Deutschland mehr Gültigkeit hat. Manchmal sehe ich am Sonntag einen Polizeiwagen vor dem Laden des Kurden halten und die Polizisten hineinstürmen und denke, oh, der Arme, jetzt haben sie ihn dran, sie werden seinen Laden schließen, er muß Strafe zahlen. Aber nach wenigen Minuten sehe ich die Polizisten gutgelaunt, mit gefüllten Einkaufsbeuteln oder einem Döner in der Hand, wieder aus dem Laden kommen, um ihre Sonntagspatrouille fortzusetzen.

Vor einigen Jahren bedienten noch zwei kurdische Brüder in dem Laden, wahrscheinlich waren es sogar Zwillinge, jedenfalls glichen sie sich wie ein Ei dem anderen, und obwohl der eine einen Schnurrbart trug und der andere nicht, konnte ich sie doch nicht auseinanderhalten und mußte auf Zeichen und Andeutungen warten, um das eine oder andere Gesprächsthema wiederaufzunehmen. Zu einem Gespräch waren sie immer aufgelegt, wir erzählten uns dies und das aus unseren Leben und tauschten Beobachtungen und Betrachtungen zur Lage in der Straße, in der Stadt und in der Welt aus, aber ich wußte oft einfach nicht mehr, mit welchem von beiden ich welches Thema besprochen hatte, um daran anzuknüpfen. Welcher war der mit den Rükkenproblemen, dem ich Yoga, und welcher der, dem ich die Sprachkurse an der Volkshochschule empfohlen hatte. Als sie einmal gerade beide im Geschäft waren, fragten sie mich, welchen Beruf mein Mann habe, und froh, daß sie mich nicht nach meinem eigenen Beruf fragten, sagte ich, er leite ein Archiv. Sie wußten aber nicht, was ein Archiv ist, und ich erklärte etwas von Geschichte und Dokumenten, die da aufgehoben werden, für die Zeit, in der die Dinge und Geschehnisse, die vorher vielleicht banal erschienen, ihre Wichtigkeit aus der Rückschau bekommen. Das fanden sie interessant, und als ich das nächste Mal bei ihnen einkaufte, kamen sie noch einmal darauf zurück und fragten, »vielleicht weiß Ihr Mann ja auch etwas von unserer Geschichte?« Ich sagte, mit der Türkei kenne er sich nicht so aus, allerdings sage er oft, er würde gerne einmal nach Istanbul fahren, worauf die beiden Brüder erwiderten, daß auch sie noch nie in Istanbul gewesen seien, sie kämen aus dem hinteren Süden der Türkei, aus Kurdistan, seien dort auch nur vier Jahre zur Schule gegangen und wüßten nicht viel, eigentlich überhaupt nichts von ihrer eigenen Geschichte, der kurdischen.

Ich hatte gerade ein Sechserpack Evian-Wasser gekauft, da fragten sie noch, Madame, sagen Sie mal, wieviel so etwas im Supermarkt kostet. Ich sagte, das weiß ich nicht, weil ich immer nur kaufe, was ich brauche, und dann nicht auf den Preis achte. Das konnten sie nicht glauben und insistierten, »vielleicht vierzig Cents die Flasche?« Ich zuckte die Achseln. »Fünfzig?« Ich beteuerte noch einmal, ich weiß es einfach nicht, wirklich nicht, keine Ahnung. »Wir geben Ihnen die Flaschen also für je vierzig Cents, zwei Euro vierzig der Pack«, sagten sie, »ist das in Ordnung?« Ich sagte, ja, in Ordnung, aber ich möchte nicht schuld daran sein, daß sie schlechte Geschäfte machten. »Aber nein, Madame!«

Und seitdem verkauften sie mir alles etwas billiger. Jedenfalls solange sie die »Geschäftsführer« in dem Laden waren, denn nun hat ihn schon seit langem ein Onkel, Cousin oder Schwager übernommen, ebender, der die Stühle und Tische aufs Trottoir stellt. Dieser Wechsel geschieht pünktlich in einem Vierjahresrhythmus, wie ich beobachtet habe, als hätten sie in jeweils vier Jahren das Maß aller Möglichkeiten unserer Straße ausgeschöpft, in der man nur am Anfang wohnt, bevor man etwas Besseres, in einer anderen Straße, in einer schöneren Gegend findet.

Am Anfang, in den ersten Wochen in Straßburg, sind wir oft hinausgelaufen, um die Stadt zu erkunden, die wir bis dahin nur von Goethe aus *Dichtung und Wahrheit* kannten, aber im Gegensatz zu ihm, der vor dem Münster geradezu in Tränen ausgebrochen sein soll, weil er in dessen Architektur »Deutsche Baukunst« zu entdecken meinte, erschien uns hier alles sehr französisch. Wir hatten einen großen Umzug hinter uns, waren aus Berlin gekommen, noch dazu aus dem Osten, und erfuhren hier zum erstenmal den Westen, den wir wiederum nur aus dem Fernsehen kannten, die Konsumwelt, die wir überhaupt nicht kannten. Wir standen wie Idioten vor den überquellenden Regalen der Supermärkte und befürchteten, wir würden nie lernen, mit dem neuen Westgeld umzugehen, ängstlich notierten wir alle Ausgaben in ein Ausgabenheft und rechneten und rechneten nach, bis Peter eines Tages das Heft wegwarf und erklärte, wir müssen nicht sparen, wir müssen verdienen. Im Osten, aus dem wir kamen, war es ja nicht das Geld, das den Dingen seinen Wert gab, zu kaufen gab es wenig, und wir lebten darüber hinaus in einer parallelen Welt, in der ganz andere Werte zählten, Vertrauen, Freundschaft, Poesie. Wir fragten uns, was sie an der Wiwifak in Karlshorst denn eigentlich gelehrt hatten, da es doch damals, dort, gar keine Wirtschaft gab, die diesen Namen wert gewesen wäre.

Die allererste Lektion war also schnell gelernt, dabei wußten wir noch gar nicht genau, was von den neuen Eindrücken, die auf uns einstürmten, und den Erfahrungen, denen wir uns nun ausgesetzt sahen, dem Charakter des Westens geschuldet war und was einfach dem neuen Leben, der Beunruhigung durch die »Ahnung dessen, was kommen wird und kommen soll und kommen mag und dann unmerklich den Charakter der Gegend annehmen wird«, wie Goethe in *Dichtung und Wahrheit* sagt.

Heute gehen wir nicht mehr viel erkunden in der Stadt, wir glauben, sie zu kennen, wir haben uns an sie gewöhnt und sehen sie gar nicht mehr richtig an, sie ist uns so vertraut geworden, daß wir durch sie hindurchsehen, ohne sie noch recht wahrzunehmen. Ich bewege mich auf meinen fest bestimmten und gewohnten Wegen, die mich fast blind in einem ziemlich eng begrenzten Kreis herumführen, von hier nach da und dort und wieder zurück, ich schaue dabei weder nach rechts noch nach links, und nur ganz selten gucke ich um mich, hebe die Augen über die Stockwerke eines Hauses bis zum Dach, betrachte es und frage mich, wie es wäre, wenn ich da wohnte. Da hätte ich wohl eine ganz andere Ansicht über die Stadt, denke ich sofort, und über das ganze Leben womöglich. Als der Besitzer unserer Wohnung sie nach einigen Jahren verkaufen wollte, zog ich los, um andere Wohnungen anzusehen, die wir an ihrer Stelle mieten könnten, und beim Besichtigen der fremden Wohnungen überlief mich jedesmal derselbe merkwürdige Schauder der Lust und des Grauens zugleich, mir ein Leben dort vorzustellen und mich zu fragen, ob in diesem anderen Haus, in jener anderen Straße, wohl noch einmal alles ganz anders werden würde.

Schließlich aber haben wir keine neue Wohnung gemietet, sondern sind in der alten geblieben, in der wir heute noch wohnen und die in der Straße des Anfangs liegt.

Unser Haus ist ein häßliches Haus, ein Altneubau aus den späten fünfziger Jahren, Teil eines Häuserblocks, der mehrere Aufgänge hat und einen Hof, der in der Mitte geteilt ist. Auf unserer Seite ist der Hof zubetoniert, da gibt es nur Mülltonnen, viele Fahrräder und häßliche Garagen, und Kindern ist das Spielen verboten, wie ein gelbes Schild dekretiert. Auf der anderen Seite, die wir *côté jardin* nennen, stehen dagegen Bäume, unter denen man im Sommer Leute in Liegestühlen liegen oder an Gartentischen sitzen und Kinder das ganze Jahr hindurch spielen sieht. Das Gebäude erinnert sogar an die DDR, aus der wir gekommen sind, und wenn uns Freunde besuchen, die wir noch aus Berlin kennen, lachen sie meist, wenn sie unser Haus betreten, und finden es zu komisch, uns in so einem DDR-Altneubau wiederzufinden.

Als wir einzogen, am Anfang, gab es im Haus mehrere Familien mit Kindern, die inzwischen alle groß geworden und ausgezogen sind, außerdem drei ältere jüdische Ehepaare, deren Kinder schon damals nicht mehr bei den Eltern wohnten und die wir nur sahen, wenn sie zu Besuch kamen, und ein junges Ehepaar im Erdgeschoß, denen bald ein Sohn geboren wurde, Benny. Von den drei jüdischen Ehepaaren starben die Männer schon in den ersten Jahren, so daß es über viele Jahre hinweg drei jüdische Witwen waren, mit denen wir in Nachbarschaft lebten und denen wir so gut wie jeden Tag begegneten. Frau Loeb, Frau Weiss, Frau Kertész.

Holló!, holló!, rief Frau Kertész immer und stand dann meistens schon mitten bei uns im Flur, unsere Wohnungstür hat nämlich nur eine einfache Klinke. Zwar klingeln die meisten Leute, bevor sie eintreten, aber Frau Kertész' Angelegenheiten waren immer dringend, und so stand sie dann in der Wohnung und rief mit ihrem ungarischen Akzent *holló!, holló!*, in der Hand ein Papier oder einen ganzen Packen Papiere, Schreiben ihres deutschen Rechtsanwalts, des Notars, eines deutschen Amtes oder des europäischen Büros der *Claims Conference*, alle jedenfalls deutsch beschrieben, deshalb kam sie ja zu mir, wir setzten uns dann an den Tisch im Wohnzimmer und studierten die Papiere. Da Frau Kertész nur sehr wenig Deutsch konnte, versuchte ich ihr den Inhalt ins Französische zu übersetzen, was sie auch nicht so gut konnte, und zu erklären, was jetzt von ihr erwartet wurde, nämlich immer weitere Papiere, Dokumente und Erklärungen zu bringen. Wir entwarfen zusammen die Antworten, und ich formulierte sie dann auf deutsch, oder wir füllten gemeinsam Formulare aus, die sie zurückschicken mußte, manchmal rief ich auch bei irgendeiner deutschen Dienststelle oder bei dem Rechtsanwalt oder Notar an. Die Fragen, die man ihr stellte, waren alle von der gleichen Art, sie bohrten in ihrer Geschichte nach, verlangten genaue Daten und präzise Angaben, nach denen Frau Kertész dann tapfer in ihrer Erinnerung oder in einer ihrer Kisten und Kästen suchte, ohne nachzulassen und sogar mit einem gewissen Furor und einer Wut, der Wut nämlich, noch immer auf Entschädigung und Entschuldigung warten zu müssen, die sie nie bekommen hatte. Frau Kertész war damals schon eine sehr alte Frau, eine ungarische Jüdin, die verschiedene KZ, darunter Auschwitz, durchlitten hatte. Im Gegensatz zu Frau Loeb, meiner direkten Nachbarin auf dem Flur, hatte Frau Kertész keine Nummer auf dem Arm, denn als die ungarischen Juden deportiert und eingeliefert wurden, war das Kriegsende wohl schon zu nah und das Chaos schon zu groß, um die Häftlinge noch systematisch zu tätowieren. Nach der Befreiung aus dem Lager war sie in ihre Heimatstadt Budapest zurückgekehrt, wo sich kein Mensch für ihr Schicksal interessierte. Die Regierungen der Ostblockländer, auch wenn sie wie Ungarn Verbündete Hitlers gewesen waren, fühlten keine Verantwortung und wohl auch kein Mitgefühl für ihre verschleppten Juden, und die Bundesrepublik zahlte

Wiedergutmachung zwar in alle Länder, in die sich Überlebende geflüchtet hatten, doch nicht in die Ostblockländer. Frau Kertész lebte ihr Leben in Budapest weiter, arbeitete als Verkäuferin, heiratete einen ungarischen Juden aus ihrem Bekanntenkreis und bekam mit ihm drei Söhne, Gabor, Endre und Istvan, die sie dann später in Frankreich Gabriel, André und Etienne nannten. In den Jahren nach dem Ungarnaufstand floh die ganze Familie, wie so viele, in den Westen, zu einer Zeit, als dort alle Wiedergutmachungsfristen schon abgelaufen waren. Durch ganz nichtige Zufälle landete die Kertész-Familie schließlich in Straßburg, ohne daß sie sich diese Stadt aus irgendwelchen Gründen ausgesucht hätte, ohne dort Freunde oder Verwandte zu haben oder etwa die französische Sprache zu beherrschen, und fand dort, gleich am Anfang, die Wohnung in unserer Straße, in unserem Haus, wo sie nun, genau wie wir jetzt, noch immer wohnte. Gabriel, André und Etienne waren längst erwachsen und aus dem Haus ausgezogen, haben studiert und arbeiten nun in gutbürgerlichen Berufen, sie haben inzwischen mit Frauen von hier eigene Familien gegründet, wohnen natürlich in viel besseren Stadtvierteln als ihre Eltern, Etienne sogar in Genf, und sind zu richtigen Franzosen geworden, wie so viele andere Einwandererkinder vor und nach ihnen.

Herr Kertész war schon vor einigen Jahren gestorben, so wohnte Frau Kertész nun allein in der Wohnung im Stockwerk über uns, aber die Söhne besuchten sie oft mit ihren Frauen und Kindern oder holten sie mit dem Auto ab. Am Anfang hatte sie unregelmäßig Arbeit als Köchin bei jüdischen Einrichtungen gefunden, besonders während der Schulferien in den Ferienlagern der verschiedenen Jugendorganisationen, den Bnei Akiwa, dem Haschomer Haza'ir oder einfach der Gemeinde, in den französischen Alpen und manchmal auch in der Schweiz. Herr Kertész, der bis an sein Lebensende kein Französisch und außer Ungarisch nur ein wenig Deutsch sprach, hatte sich mit einer Stelle als Lagerarbeiter zufriedengeben müssen, die ihm ein Glaubensgenosse verschafft hatte, mit dem wenigen Deutsch kam er in dem Betrieb irgendwie durch. Sein Deutsch ähnelte sowieso mehr dem Jiddischen, das wiederum dem elsässischen Dialekt verwandt ist, weil sie beide die zweite Lautverschiebung des Mittelhochdeutschen verpaßt haben. Als ehemaliger Wehrmachtssoldat erhielt er im Gegensatz zu seiner Frau eine Pension vom deutschen Staat, wie er mir auf deutsch erzählt hat. Ich hatte Mühe, ihm das zu glauben, denn Herr Kertész war ja ebenfalls Jude, aber tatsächlich hat der ungarische Horthy-Staat nach seinem Eintritt in den Zweiten Weltkrieg alle wehrfähigen jüdischen Männer zu einem waffenlosen Zwangsarbeiterdienst in die ungarische Armee eingezogen. Und so fand sich Herr Kertész dann Seite an Seite mit der deutschen Wehrmacht, ja in sie inkorporiert, auf ihren Feldzügen, und wie die meisten ehemaligen Wehrmachtssoldaten sprach auch er viel von Rußland und von der Schlacht um Stalingrad, bei der er etliche Verwundungen davongetragen hatte. Eben dafür bekam er jeden Monat pünktlich seine Wehrmachtspension aus Deutschland überwiesen, während seine Frau jahrelang um eine Anerkennung ihrer Verfolgung und Leiden ringen mußte und sich erst sehr viele Jahre später mit Hilfe der *Claims Conference* eine Art Auschwitzpauschale erstreiten konnte.

Eines Tages klappte es nämlich tatsächlich, sie kam gleich mit ihrem *holló!, holló!* zu mir hereingestürzt, den Kontoauszug schwenkend, es waren genau 2250 Euro; wir fielen uns um den Hals, denn wenn es auch eine lächerliche Summe war, empfand Frau Kertész es doch als eine Genugtuung, und ich freute mich für sie und den kleinen Sieg, den wir errungen hatten. Erst nach dem Zusammenbruch des Ostblocks war das möglich geworden, und nicht nur Frau Kertész, sondern auch eine Menge anderer Juden konnten ihre Forderungen nach irgendeiner Art von Wiedergutmachung über die *Claims Conference* geltend machen – die hatte einen sogenannten *Hardship Fonds* für Härtefälle,

Ghetto- und Zwangsarbeiterentschädigungen eingerichtet und durch große Annoncen in allen jüdischen Zeitungen, in Gemeindeblättern und über Radiosender in der ganzen Welt bekannt gemacht.

So kam es, daß ich nach der Bekanntmachung dieser späten und wahrscheinlich letzten Regelung eine Zeitlang im Nebenberuf als Sekretärin, Beraterin und Übersetzerin nicht nur für Frau Kertész, sondern auch für eine ganze Menge anderer alter Juden in Straßburg arbeitete, Formulare ausfüllte, Briefe und Erklärungen schrieb, das Hin und Her der Anfragen und Nachfragen in den Korrespondenzen mit Rechtsanwälten, Notaren, deutschen Beamten, deutschen Banken und der Zentrale der *Claims Conference* in Frankfurt übersetzte oder in diesen Angelegenheiten herumtelefonierte. Nicht alle von den alten Juden, die ich betreute, hatten ihre Ansprüche auf Wiedergutmachung versäumt, weil sie wie Frau Kertész zu spät in den Westen gekommen waren, sondern weil sie sich damals, gleich nach dem Krieg, viel zu verletzt gefühlt hatten und aus einer Art Stolz nichts und schon gar keine Wiedergutmachung fordern mochten oder nicht die Kraft hatten, sich in die dazugehörige bürokratische Schlacht zu werfen, oder sie wollten einfach überhaupt nichts mehr hören und nichts mehr sehen von diesem Land, das sie so gedemütigt und der Verfolgung und dem Tod ausgeliefert hatte.

Jetzt waren es meist ihre erwachsenen Kinder, die sie, durch die Bekanntmachungen der *Claims Conference* aufmerksam gemacht, ermunterten, doch diese letzte Leidenspauschale einzufordern und anzunehmen, »wozu wollt ihr den Deutschen etwas schenken, schenkt es doch lieber euren Enkeln oder verbringt einen schönen Urlaub an der Côte d'Azur oder fahrt nach Florida«, sagten sie ihren Eltern, und das konnten die schwer abweisen. Manche von den Söhnen und Töchtern aus der sogenannten zweiten Generation holten sich sogar die deutsche Staatsbürgerschaft zurück, die die Nazis ihren Eltern entzogen hatte, sie benutzen den deutschen Paß zwar nie, aber sie forderten ihn von den deutschen Behörden ein, scheuten keine Bürokratie, holten sich ihn ab, nur um ihn dann in irgendeine Schublade zu versenken – einfach aus Daffke.

Manchmal, wenn sie etwas suchen mußte und nicht finden konnte, bat mich Frau Kertész auch, zu ihr hochzukommen, in ihre Wohnung im dritten Stock, dann kramten wir gemeinsamen in ihren Kartons nach irgendwelchen Dokumenten, einer abgestempelten Bestätigung ihrer Existenz, ihrer Staatsbürgerschaft, ihrer Herkunft und ihres Leidensweges, die sich in Haufen von Zeitungsausschnitten, Fotos und alten Briefen, die sie da auch sammelte, verloren hatten. Ich bin immer gerne zu ihr gegangen, denn in ihrer Wohnung fand ich einen Geruch aus meiner Kindheit wieder, wenn meine Mutter mit mir nach Budapest fuhr, wo sie ihre alten Freunde und, unausgesprochen, auch ihre alte Heimat besuchte. Es roch nämlich nach selbstgerösteтem Kaffee, ich weiß nicht, wo Frau Kertész hier in der Stadt die grünen Kaffeebohnen fand, die sie dann in einem Topf über der Flamme des Herds so lange schüttelte, bis die Bohnen so dunkel waren, wie es ihrer Vorstellung von gerösteten Kaffeebohnen entsprach.

Als Herr Kertész noch lebte und meine Mutter noch lebte, wurde sie jedesmal, wenn sie zu Besuch kam, mit Freude im dritten Stock bei den Kertész erwartet, denn da konnten sie beim »selbstgebrannten« Kaffee miteinander Ungarisch sprechen. Auch meine Mutter hatte ja nicht mehr so viele Gelegenheiten, ihre Muttersprache zu sprechen, denn in den letzten Jahren ihres Lebens kehrte sie nicht mehr nach Ungarn zurück, wie sie es früher so oft getan hatte, als ich noch ein Kind war. Manchmal gingen Herr und Frau Kertész mit meiner Mutter auch zum Schuhmacher am Ende der Straße, der auch Ungar war, um mit ihm noch mehr Ungarisch zu tratschen. Frau Kertész brachte den Kaffee in der Thermosflasche mit und eine Mehlspeise nach ungarischer Art, und manchmal begleitete ich die drei, um den Klang der mir so vertrauten Sprache über mich ergehen zu lassen, die ich doch nur bruchstückhaft verstehe. Nun höre ich sie fast nie mehr, denn meine Mutter ist tot, und Herr Kertész ist tot, und Frau Kertész ist auch vor kurzem gestorben. In den letzten Jahren stand sie nicht mehr plötzlich bei uns im Flur, sie konnte nur noch schwer gehen und kam kaum noch aus ihrer Wohnung heraus, nur wenn einer ihrer Söhne sie besuchen kam, hörte ich sie manchmal auf der Treppe vor dem Lift reden, dann sprang ich auf und horchte an der Tür auf die vertraute fremde Sprache, *igen, anyu, igen*.

Der ungarische Schuhmacher ist auch schon vor langer Zeit in Rente gegangen, er hat seine Werkstatt an einen Türken und der hat sie später an einen Elsässer verkauft. Dessen Freunde versammelten sich oft um den Ladentisch wie an einer Theke, und so benahmen sie sich auch, wie am Biertisch, sie sprachen Elsässisch und zogen über alles her, besonders über die vielen Ausländer in der Nachbarschaft, wie die das Viertel unsicher machen und was für Dreck sie überall hinterlassen. Einmal, als ich meine Schuhe in Empfang nahm, fragten sie mich, ganz provokativ, auf französisch, woher ich denn käme, aus Marokko? Ich sagte, *non*. Aus Algerien? *Non*. Tunesien? *Pas du tout*. Sie verloren langsam die Geduld und ranzten mich an, ich solle schon sagen, was ich für eine sei. Ich bin Deutsche, *je suis allemande*, antwortete ich, was große Heiterkeit bei den

Männern zur Folge hatte, »eine Deutsche!«. Nun reichte es mir, und ich schleuderte ihnen, natürlich auf deutsch, entgegen: »Sie können ja noch nicht mal richtig Hochdeutsch sprechen. Das ist doch kein Deutsch, Ihr Hilfsdialekt!« Dann knallte ich die Tür hinter mir zu.

Auch der elsässische Schuhmacher hat seine Werkstatt eines Tages geschlossen, und ein Blumenladen ist eingezogen, der noch heute da ist und in der Woche vor dem jüdischen Neujahrfest über die ganze Breite des Trottoirs einen Prospekt aufstellt: »Denken Sie an Ihre Blumengrüße zu Rosch ha Schana!«

Mein Schreibtisch steht am Fenster, neben der Balkontür, die ich jeden Morgen als erstes aufreiße, um frische Luft hereinzulassen und nach dem Wetter zu sehen. Auf dem Balkon herrscht ein großes Durcheinander von allgemeinen Gerätschaften, einer alten Staffelei, Gläsern und Büchsen, die ich vielleicht noch benutzen möchte, alten Fußbällen, Dreirädern und einem graugrünen Spielzeug-Russenlaster aus Sowjetzeiten, der vor sich hin rostet. Eines Morgens aber, als ich die Balkontür öffnete, sah ich einen kleinen Baum dort liegen, der überhaupt nichts da zu suchen hatte, so ein immergrüner mit Wurzeln voller Erde, eine Konifere, wie sie manchmal in Hecken stehen, so groß wie ein kleines Kind. Was ist denn hier los, rief ich aus, und dann kamen die anderen angelaufen, es war vor langer Zeit, als die Kinder noch bei uns wohnten, keiner hatte eine Erklärung. Ich ging zu allen Nachbarn und fragte, ob ihnen vielleicht ein Baum entlaufen sei oder ob jemand aus Versehen einen vom Balkon geworfen habe, aber alle Nachforschungen blieben erfolglos, nirgends wurde ein Baum vermißt. Wir wissen bis heute nicht, wie der Baum auf unseren Balkon gehüpft oder geflogen ist, er wirkte gar nicht außerirdisch, und so gab ich ihm irdische Nahrung und ein Heim in einem Topf, und dann verlebte er viele Jahre auf dem Balkon, vor dem Fenster, hinter dem mein Schreibtisch steht, sah mich an und erinnerte mich jeden Tag daran, daß es so viele Dinge auf der Welt gibt, die wir überhaupt nicht verstehen können. Das Geheimnis seiner Herkunft hat er nie preisgegeben. Nach vielen glücklichen Jahren überlebte er einen frostigen Winter nicht mehr, seine immergrünen Blätter färbten sich gelb und braun und verhärteten eines nach dem anderen, und dann starb er. Ich habe ihn weggeschafft, in die Mülltonne auf dem Hof geworfen, mit einem kleinen Stich im Herzen, denn er war mir ja ein bißchen ans Herz gewachsen.

Seitdem ist nie wieder ein Baum geflogen gekommen und sind auch sonst keine Wunder mehr geschehen, alles hat seinen natürlichen Lauf genommen, die Kinder sind erwachsen geworden und ausgezogen, der Große hat schon selbst Kinder, die spielen jetzt, wenn sie zu Besuch kommen, mit dem graugrünen verrosteten Russenlaster. Ich sitze noch immer an meinem Schreibtisch vor dem Fenster und blicke auf die Straße des Anfangs, in der viele Völker wohnen und das »andere Frankreich«, Hunde und Katzen und ein paar Verrückte, und in der kein Baum wächst und kein Strauch. Ich habe hier erst meinen vierzigsten, dann meinen fünfzigsten und sogar meinen sechzigsten Geburtstag erlebt, Krisen und Krankheiten und Ängste und vielerlei Sorgen, Kräche, Aussprachen, Versöhnungen, Feste und Feiern, angespannte Zeiten, einsame Stunden und vertrödelte Tage, ich bin weggefahren und ich bin wiedergekommen. Manchmal ist Schnee auf den Balkon gefallen, und für den Frühling und den Sommer habe ich mir dort ein kleines Sonnenplätzchen eingerichtet; manchmal wird es im Sommer sogar viel zu heiß, dann schließe ich die Vorhänge und verschwitze die Tage im abgedunkelten Raum.

Wie oft sitze ich an meinem Schreibtisch, halb in Träumen und halb in Gedanken, und beobachte, was vor meinem Fenster so alles geschieht, wie die Jahreszeiten nach ihrem unverrückbaren Rhythmus vorbeiziehen und die Möwen vom nahe gelegenen Rhein durch die Straße stürzen. Weil sie so schmal ist, bildet unsere Straße einen Korridor für den Wind, für Autos und für Vögel, die hindurchjagen. Manchmal fliegen auch andere seltsame Vögel vorbei, einmal sah ich einen, der wie ein Hund aussah, und stürzte auf den Balkon, um das Wesen zu identifizieren, ob Hund oder Vogel, denn wenn hier Bäume fliegen, warum nicht auch Hunde, aber das Wesen war schon in rasender Geschwindigkeit weggeflogen, bevor ich seine Art bestimmen konnte. Auf dem Trottoir vor dem Haus hocken und hüpfen manchmal Spatzen, und ich weiß nicht warum, ich spreche sie immer an, na, ihr kleinen Spätzchen, wie geht's euch. Auf der anderen Seite des Hofes, der *côté jardin*, segeln und sitzen andere Vögel auf den Bäumen, größere und schönere.

Ein Korridor ist die Straße auch für Autos, die eine Abkürzung suchen, und für Eltern, die morgens ihre Kinder am südlichen Ende der Straße vor der *École internationale* absetzen und nachmittags wieder abholen; da drängen sich die Autos in mannigfachem Chaos, Autos hupen, Kinder rufen nach ihren Eltern, Eltern nach ihren Kindern, bleib da, komm, warte, beeil dich, wir müssen los, kleine Freunde können sich nicht voneinander trennen, werden aber auseinander befohlen. Manchmal passiert es auch, daß ein Bus durch die Straße umgeleitet wird, weil ein wichtiges Ereignis seine eigentliche Route behindert, der Besuch eines hohen Staatsmannes im Europa Parlament oder eine Demo, für oder gegen irgend etwas, ich höre, begleitet von Tuten und Musik, die Rufe der Demonstranten, die manchmal sogar von der deutschen Seite über die Rheinbrücke bis Straßburg herübergelaufen kommen, die Slogans aber kann ich nicht verstehen. Der umgeleitete Bus muß sich durch unsere Straße wie ein großes Schiff durch einen engen Kanal drängen.

Und wenn es im Sommer heiß ist und kein Wind weht, wird unsere Straße zum Hitzekorridor, in dem die Hitze gefangen bleibt und auch in der Nacht nicht weicht, wir messen hier immer ein, zwei Grad mehr als in allen anderen Vierteln der Stadt. Das ist der Moment, wo der Kurde die Stühle vor seinen Laden und am Nachmittag auch in den Schatten vor der »falschen Einfahrt« stellt, die Fenster aller Wohnungen sind geöffnet, es dringen Gespräche und Musik nach draußen, und wir fühlen uns ein bißchen wie in einer südlichen Stadt. In den Mansardenfenstern hängen die Hemden der Studenten zum Trocknen, und in den Nächten hört man sie feiern; noch lange, nachdem die Straße im Dunkeln liegt, brennt bei ihnen Licht. Seit ein paar Jahren schon werden einige Wohnungen als WGs vermietet, deshalb wohnen die Studenten jetzt nicht mehr nur in den Mansarden. Am Tag sieht man sie auf den Balkonen stehen und rauchen und sprechen, und wenn mein Balkonfenster vor dem Schreibtisch offensteht, versuche ich manchmal, ihre Sprachen zu erraten.

Jedes Jahr im September sehe ich sie einziehen. Sie tragen, meistens von Mama und Papa eskortiert, Taschen, Kisten, Kartons und Gerätschaften ins Haus und wirken etwas geniert, wahrscheinlich wegen der Anwesenheit ihrer Eltern, die aber offensichtlich das Auto für den Umzug zur Verfügung gestellt haben und sicher auch Teile des Mobiliars, Lampen und Geschirr, denn so tragen sich die Dinge durch die Generationen. Auch ich habe meinen Söhnen, als sie auszogen, Bettwäsche, Besteck und sonstige Haushaltsgegenstände vererbt, die ich zum Teil selbst von meiner Mutter mitgenommen hatte und von denen einige noch aus dem ungarischen Nagykanizsa stammen, jedenfalls behaupte ich das schon so lange, daß ich es inzwischen auch selbst glaube.

Kurz nach dem Einzug geben die Studenten ihre Einweihungsparty, dann sehe ich sie zum erstenmal auf dem Balkon stehen und rauchen und höre ihre Musik bis zum Morgen. Das stört mich aber nicht, ganz im Gegenteil – oder sagen wir, es hängt von der Musik ab. So wie sie sind auch meine Söhne zum Studieren in andere Städte gezogen, und auch sie haben sich geniert, wenn ihre Eltern, zu auffällig, wie sie meinten, beim Umzug auftauchten, und nicht nur beim Umzug.

Auch wenn ich ihre Sprache nicht immer erraten kann, sind die Studenten in unserer Straße alle Europäer oder Asiaten, fast nie Araber oder Schwarze. Die wohnen in dem denkmalgeschützten SoCoLoPo-Block aus hundertundeiner Wohnung und stehen vor der »falschen Einfahrt« herum, ich habe schon mehrere Generationen von ihnen heranwachsen sehen, während die Studenten meist nur ein, zwei Jahre in ihren

Wohnungen bleiben, in die im nächsten Herbst dann die neuen Semester einziehen.

In einer der Studenten-WGs in unserer Straße, weiter nördlich zur Wiwifak hin, wohnte vor vielen Jahren auch Anaël, die im selben Studienjahr dasselbe Fach studierte wie unser jüngerer Sohn. So gingen beide oft zusammen nach Hause, lernten zusammen, bereiteten sich gemeinsam auf die Prüfungen vor, diskutierten, feierten und rauchten auf dem Balkon, bestanden ihre Prüfungen und sind dann beide nach Paris zum Weiterstudieren gezogen, erst hatte jeder eine winzige Wohnung für sich, dann nahmen sie eine winzige Wohnung zusammen, halb so groß wie die WG in unserer Straße, und am Ende haben sie geheiratet, erst vor einem Bürgermeister mit der Trikolore-Schärpe im Rathaus des 10. Arrondissements in Paris und dann vor einem Rabbiner unter der Chuppe hier bei uns, in der Provinz.

Als Nadja und Hakim im Erdgeschoß unseres Hauses einzogen, war Nadja hochschwanger. Wenn wir uns unten im Hausflur trafen und vor den Briefkästen ins Gespräch kamen, erkundigte ich mich nach ihrer Schwangerschaft, gab gute Ratschläge und bot ihr auch unser Auto an, für irgendeinen Fall, der eventuell eintreten könnte, oder einfach für den Moment, an dem es »soweit« sei, weil sie kein Auto hatten und sie mir darüber etwas besorgt zu sein schien. Sie kam aber, als es »soweit« war, ganz bequem mit der Ambulanz in die Entbindungsstation und hat dort ohne jede Komplikation ihren Sohn geboren, dem sie den Namen Benjamin gaben, genannt Benny. Meine Söhne waren damals auch noch klein, und zumindest der jüngere spielte später oft mit Benny, sie bauten unten bei ihnen oder oben bei uns Legotürme und Holzautobahnen für ihre Spielzeugautos, und noch später guckten sie zusammen Fußballspiele im Fernsehen, denn Nadja und Hakim besaßen zwar kein Auto, aber sie hatten, im Gegensatz zu uns, einen Fernseher, so ergänzten wir uns. Manchmal spielten sie auch, unter Anleitung von Hakim, richtig Fußball in dem Park, der unserer Straße am nächsten liegt, *La citadelle* genannt.

Am Anfang, im Hausflur, neben den Briefkästen, sprachen Nadja und ich französisch miteinander, dann merkten wir uns gegenseitig schnell den deutschen Akzent an und gaben uns als Deutsche zu erkennen, und von da an sprachen wir immer deutsch miteinander. Mit ihrem Sohn sprach sie auch deutsch, aber mit Hakim französisch, und wenn wir alle zusammen waren, sprachen wir natürlich französisch, so wie mit allen anderen Nachbarn, außer mit Herrn Kertész, der sich freute, wenn schon nicht ungarisch reden zu können, dann wenigstens deutsch zu radebrechen. Manchmal kamen Nadjas Eltern aus dem Ruhrgebiet zu Besuch, und dann sprachen wir wieder alle deutsch, wenn uns Nadja zu einem gemeinsamen Kaffee-und-Kuchen-Nachmittag mit ihren Eltern einlud. An so einem Nachmittag war es, daß mein Sohn Nadja zu ihren Eltern sagen hörte, »Mutti, möchtest du noch ein bißchen Zucker?«, oder: »Nimmst du noch ein Stück Torte, Vati?«, und mich dann, als wir wieder oben in unserer Wohnung waren, fragte, ob ich auch »Mutti, möchtest du noch ein bißchen Zucker« und »Nimmst du noch ein Stück Torte, Vati« zu meinen Eltern gesagt hätte. Ich sagte, ja, ich habe meine Eltern auch »Mutti« und »Vati« genannt, wie alle Kinder in Berlin, und es wurde mir bewusst, daß seine Erinnerung kaum bis in die Lebenszeit seiner Großeltern zurückreicht. Ich verschwieg ihm nicht, daß meine Eltern es gar nicht gemocht hatten, so angesprochen zu werden, weil die Ausdrücke »Mutti« und »Vati« für sie eine Assimilation an das Berlinische und Norddeutsche und Preußen bedeutet habe, und sie mochten beide Berlin und Norddeutschland und Preußen nicht, mein Vater nicht, weil er aus Hessen, und meine Mutter, weil sie aus Österreich-Ungarn stammte. Aber ich habe sie trotzdem so genannt, wie alle es taten, da, wo wir nun einmal lebten, in Berlin, in Norddeutschland, in Preußen. Als ich es ihm so erklärte, tat es mir weh, weil mir klar wurde, daß ich nie mehr im Leben zu einem Menschen »Mutti« und »Vati« sagen werde, meine Eltern sind schon so lange tot.

Nadja war Malerin und begann gerade, ihre großflächigen Bilder hier in Galerien in der Stadt und der Region, aber auch in ihrem heimatlichen Ruhrgebiet auszustellen. Sie malte in einem fotorealistischen Stil seltsame Ansichten von Details des täglichen Lebens, eine Ecke des Küchentischs, Bennys Haarschopf, Bennys Plüschtiere, Strandausschnitte mit Bennys Buddelzeug oder Wellen des Meeres. Diese Meer-Motive malte sie in Marokko, wo ihre Eltern ein Ferienhaus besaßen, nicht weit von Tanger, wo Hakims Eltern lebten. Seine Schwestern und Brüder hingegen waren alle, so wie er, nach Frankreich herübergekommen.

Hakim hat sich immer viel um den Haushalt gekümmert, eingekauft, abends groß gekocht und Nadja und Benny umsorgt, aber er verstand sich auch als Künstler, als Videokünstler; er hatte manchmal Aufträge für das lokale Fernsehen, machte Reportagen und leitete einen Videoclub in einem Jugendzentrum der Stadt. Sein großer Bruder Achmed aber war ein richtig erfolgreicher Theaterregisseur, dessen Premieren wir regelmäßig besuchten. Hakim war stolz auf ihn, aber auch eifersüchtig, wie mir schien, während Nadja sich sehnlichst wünschte, einmal Bühnenbilder für Achmeds Inszenierungen zu entwerfen und mit ihm zusammenzuarbeiten, aber daraus ist nie etwas geworden, und das war eine große Enttäuschung für sie, denn sie bewunderte ihn sehr; manchmal, wenn sie über ihn sprach, hatte ich sogar den Eindruck, daß sie vielleicht noch mehr als Bewunderung für ihn empfand.

Eine Zeitlang trafen Nadja und ich uns einmal in der Woche regelmäßig zum Zeichnen unten in ihrer Wohnung oder oben bei uns, wir gruppierten Gegenstände zu einem Stilleben oder hängten einen Mantel über den Stuhl, um den Faltenwurf zu studieren, oder wir saßen uns gegenseitig Modell und lachten, wenn wir uns unsere Porträts zeigten, weil wir sie nie sehr gelungen und schon gar nicht ähnlich finden konnten, und einmal sagte Nadja, weißt du, ich finde mich nicht einmal ähnlich, wenn ich in den Spiegel gucke. Manchmal gingen wir auch in den Park, zur *Citadelle*, um nach der Natur zu zeichnen, die Bäume und Büsche und das künstliche Flüßchen, vorher tranken wir natürlich Kaffee zusammen in der *Brasserie de l'observatoire*, im Sommer manchmal auch auf der Terrasse des Kurden vor der »falschen Einfahrt«, und dabei sprachen wir oft über die unterschiedlichen Deutschlands, aus denen wir kamen, und über die Straße des Anfangs, in der wir nun gelandet waren, und tratschten natürlich über die Leute im Haus, regten uns über Frau Damiens vom dritten Stock auf, die immer meint, hier den Hauswart spielen zu müssen. Und da sprachen wir natürlich immer deutsch miteinander und gaben einander so etwas Heimatliches, das viel stärker war als die Unterschiede der beiden Deutschlands, aus denen wir kamen.

Nach wenigen Wochen jedoch, vielleicht waren es auch Monate, gab mir Nadja zu verstehen, daß sie unsere regelmäßigen Treffen beenden wolle, jeden Donnerstag um zehn, das halte sie nicht aus, da fühle sie sich eingezwängt. Ich versuchte, sie zu überreden weiterzumachen – ja, die Regelmäßigkeit habe etwas Stumpfsinniges, aber so sei es nun mal: Erst kommt Montag, dann kommt Dienstag, »immer das Hemd zuerst und dann die Hose drüber«, wie Büchner sagt, und wenn wir warten, bis uns die Muse küßt, da können wir lange warten; nur das, was wir oft und ausgiebig machen, machen wir gut, das mußt du doch zugeben, sogar beim Kochen ist es so. Aber sie kochte ja auch nicht, das überließ sie Hakim. Sie blieb dabei, sich durch unsere regelmäßigen Zeichenstunden eingeengt zu fühlen, also beendeten wir die Treffen, sahen uns aber weiter bei ihnen unten im Erdgeschoß oder oben bei uns. Es war das erste Mal, daß mir an Nadja etwas Merkwürdiges auffiel, aber ich dachte, so merkwürdig ist es auch wieder nicht, wahrscheinlich bin ich es, die merkwürdig ist, in meinem stumpfsinnigen Bedürfnis nach Regelmäßigkeit und Dauer.

Eigentlich ging alles doch gut bei Nadja und Hakim, ich hatte den Eindruck, daß sie viele Freunde hatten und da unten im Erdgeschoß das Leben einer gewissermaßen glücklichen oder wenigstens normalen Familie führten; Nadja schien eigentlich immer guter Laune zu sein, sie war immer freundlich und lachte viel. Aber sie hatte eine merkwürdige Geste, manchmal wiederholen wir sie in der Erinnerung an sie noch heute und müssen dabei lachen. Wenn man sie nämlich etwas fragte, was sie dann bejahte, unterstrich sie die Antwort immer mit einer Geste des Wegwischens, indem sie den Arm anwinkelte und ihn dann schnell fallen ließ, und dazu sagte sie »beziehungsweise«, es gab da also doch noch eine Einschränkung oder gar eine Verneinung, irgendetwas war so und so, aber »beziehungsweise« war es ganz anders. Ihr Familienleben schien glücklich oder wenigstens normal, »beziehungsweise« war es aber wohl doch nicht ganz so glücklich, und was normal ist, kann man schwer sagen. Irgendwann erzählte sie mir, daß Hakim zu trinken angefangen habe und deshalb in Schwierigkeiten gekommen sei, seine Aufträge für das lokale Fernsehen fertigzustellen und pünktlich abzuliefern, und der Jugendclub habe seinen Vertrag auch nicht verlängert. Nun sitze er den ganzen Tag vor dem Fernseher und auch die ganze Nacht bis vier Uhr früh, abends aber koche er noch immer im großen Stil, allerdings seien, wenn er damit anfange, die Geschäfte schon geschlossen und er müsse an der Tankstelle einkaufen gehen. Sie könne sich an den gedeckten Tisch setzen, das sei toll, »beziehungsweise« müsse sie immer warten, bis er endlich mit dem Kochen fertig sei. Danach gehe sie zu Bett, und er sehe weiter fern, die ganze Nacht; sie müsse aber wegen ihrer Halbtagsstelle in der Bibliothek früh raus, »beziehungsweise« müsse sich ja einer ums Geldverdienen kümmern. Sie machte sich zu dieser Zeit große Sorgen, wie sie überhaupt durchkämen.

Und eines Tages, ganz unerwartet, fragte sie mich, ob ich ihr helfen könne, sie ziehe jetzt aus, »beziehungsweise« sie könne erst einmal in der Wohnung eines Bekannten unterkommen, der selbst woanders hingezogen sei. Ich half ihr also, Kisten und Kartons und ihre Staffelei mit dem Auto in das Haus in dem nahen Vorort zu bringen, ich konnte es ihr schwer abschlagen, und mit zwei anderen Freunden räumten wir alles in die neue Wohnung ein, aber als ich wieder in unser Haus zurückkam, schlich ich mit schlechtem Gewissen an der Wohnung im Erdgeschoß vorbei, in der Hakim und Benny allein zurückgeblieben waren. Sie hatte Mann und Kind verlassen, wie man so sagt.

Später habe ich sie ab und zu in dem Vorort besucht, nicht sehr oft, wie ich zugeben muß, denn wir waren mehr Nachbarinnen als Freundinnen, und es ist doch etwas anderes, einfach einmal bei der Nachbarin vorbeizuschauen, als einen richtigen Besuch zu machen. Sie erklärte mir, es sei besser so, »beziehungsweise« es gehe nicht mehr anders. Sie hatte auch eine kleine Ecke für Benny zum Übernachten eingerichtet, und wir unterhielten uns dann über die Kinder, über Ausstellungen, die wir uns ansehen, und Bilder, die wir noch malen wollten, und sie erwähnte wieder, wie gerne sie Bühnenbilder entwerfen würde, am liebsten mit Achmed, ihrem Schwager, aber der stelle sich taub und weiche ihr aus, und das mache sie sehr unglücklich. Wir nahmen uns noch vor, mit den Kindern zusammen baden zu gehen, sobald es wärmer geworden wäre. Aber dann sahen wir uns nicht mehr wieder.

Es gab in dem Jahr gerade einen strahlenden Frühling, einen von der Art, der manche Menschen ganz fröhlich und andere sehr traurig macht, weil sie sich dann ausgeschlossen aus dem großen Blühen und Neubeginn fühlen. Vielleicht gehörte Nadja zu denen, die der Frühling so traurig macht.

Als es noch schöner und wärmer geworden war, an einem strahlenden Frühsommertag, traf Peter Hakim beim Einkaufen und fragte, na, wie geht's so – ein bißchen verlegen, weil er sich irgendwie schuldig fühlte, wie es einem manchmal bei frisch getrennten Paaren geht, und weil man Angst hat, in ein Fettnäpfchen zu treten. Und Hakim antwortete, »es geht gar nicht mehr – Nadja ist tot. Sie hat zwei Schachteln Schlaftabletten geschluckt, eine Flasche Whisky dazu getrunken, das Gas aufgedreht und noch vorher die Küchentür abgedichtet. Sie hat keinen Brief hinterlassen, keine Zeile für mich, keine Zeile für Benny.« Und Peter sagte entsetzt, aber das kann doch nicht möglich sein!

Und dann erzählte Hakim ihm, er habe einmal, ganz am Anfang, als sie gerade eingezogen waren, an der Küchentür herumgewerkelt, weil sie nicht richtig schloß, er die Tür aber fest verschließen wollte, um seinen Couscous zu kochen, und dabei habe er in der Höhlung des

Schlosses ein Stück Papier gefunden, das da klemmte. Er habe es auseinandergefaltet und gesehen, daß es mit fremden Zeichen beschrieben war, Zeichen, die er nicht lesen konnte und die er noch nie in seinem Leben gesehen hatte, aber er habe sich sofort von ihnen bedroht gefühlt, den Zettel über der Gasflamme verbrannt und Nadja nie etwas davon erzählt. »Es war eine Verwünschung«, sagte er, »sie ist jetzt in Erfüllung gegangen, dieser verborgene Fetzen Papier mit der unbekannten, unlesbaren Schrift hat uns mit seiner Unheilskraft verstrahlt. Von Anfang an, jeden Tag, jede Woche, jeden Monat, bis heute.«

Nadja war gerade achtunddreißig Jahre alt geworden, und Benny war acht.

Danach ist Hakim mit Benny aus der Wohnung im Erdgeschoß ausgezogen, sie wohnen seitdem in einer der SoCoLoPo-Wohnungen, und wir begegnen uns noch immer auf der Straße oder beim Kurden. Seit Nadjas Tod hat er weiter getrunken, hat seine Arbeit verloren und sich mit allen seinen sieben Geschwistern verkracht; die Eltern sind gestorben. Wenn wir uns auf der Straße treffen und ich ihn frage, was macht Benny, antwortet er jedesmal, er macht Mist, er macht mir Sorgen, er hat die Schule abgebrochen und hängt rum. Manchmal geht Hakim an seiner Stelle zum Büro für Berufsberatung, aber da fragen sie ihn nur, warum denn er herkomme, der Sohn müsse selbst kommen und nicht der Vater, und schicken ihn wieder weg. Über Nadjas Tod sprechen wir nicht, statt dessen tauschen wir unsere Erinnerungen an die Zeit aus, als wir noch Nachbarn waren und uns besuchten und gegenseitig aushalfen, sie hüteten unsere Katze, und wir gossen ihre Blumen. Und jetzt besuchen wir uns nicht mehr und können uns auch nicht mehr helfen.

In die Wohnung im Erdgeschoß sind bald neue Mieter eingezogen, wieder war es ein junges Paar, und wieder erwarteten sie ein Kind, und wieder kamen wir vor den Briefkästen ins Gespräch und halfen uns aus, aber ich gab mir Mühe, Abstand zu halten, vor allem, weil ich es vermeiden wollte, die Wohnung wieder zu betreten, in der Nadja und Hakim mit Benny gelebt und wir so oft zusammengesessen, mit Nadjas Eltern Kaffee und Kuchen gegessen und mit den Kindern gespielt hatten. Ich nahm an, daß die neuen Mieter nicht wußten, was geschehen war, und von mir sollten sie es nicht erfahren. Jedesmal, wenn ich mit ihnen zu tun hatte, ja, nur kurz ins Gespräch kam, konnte ich das schlechte Gefühl nicht überwinden, Hakim und Nadja zu verleugnen, wenn ich ihre Geschichte verschwieg, oder sie zu verraten, wenn ich sie erzählt hätte. Das Paar blieb nicht sehr lange, nach wenigen Jahren zogen sie wieder aus, der Mann, der ansonsten selten den Mund aufmachte, hatte ein Forschungsstipendium an einer amerikanischen Universität, in Rochester, Wisconsin, bekommen. Später zogen noch zweimal junge Paare ein, mit denen ich ebenfalls vermied, zu sehr ins Gespräch zu kommen, und seit einigen Jahren ist die Wohnung in eine WG verwandelt, in der jetzt zwei Chinesen leben. Manchmal stehen sie vor der Haustür und rauchen, aber außer *bonjour*, *bonsoir* und *bon après-midi* haben wir noch kein Wort miteinander gewechselt.

Im Nebenhaus ist vor einiger Zeit ein Stamm eines sehr fremden Volkes eingezogen, Kasachen vielleicht oder Kirgisen aus Sibirien oder Söhne und Töchter des Kaukasus. Noch bevor ich sie sehe, höre ich sie schon, denn sie sprechen immer sehr laut, in einer nie gehörten Sprache. Der Name auf dem Klingelschild, den ich mir aus Neugier angesehen habe, klingt kaukasisch – so weit ist die Welt in unserer Straße des Anfangs! Die Söhne und Töchter des Kaukasus haben dunkles Haar und dunkle Haut, sind klein, untersetzt, blicken finster und haben große Autos, sehen aber nicht reich aus. Noch nie habe ich einen von ihnen allein gesehen, sie erscheinen immer als größere Gruppe, die aus dem Haus herauskommt oder ins Haus hineingeht, viele Männer, einige Frauen, wenige Kinder, und niemand weiß, wie viele von ihnen eigentlich in der Wohnung im Nebenhaus wohnen. In ihrer nie gehörten Sprache reden sie in einem immer erregten Ton, schimpfen und schreien, will mir scheinen, aber das kann ein ganz falscher Eindruck sein, denn wenn meine Mutter mit den Kertész Ungarisch sprach, klang es auch immer sehr aufgeregt, sogar als ob sie miteinander stritten, dabei unterhielten sie sich ganz friedlich über harmlose Themen des täglichen Lebens, über die grünen Kaffeebohnen zum Beispiel, wie sie am besten zu rösten seien und wie lange man sie über der Flamme schütteln müsse.

Manchmal steht der ganze Stamm um die ziemlich großen Autos herum, die, jedenfalls in unserer Straße, geradezu luxuriös wirken, mit französischen, deutschen, belgischen oder luxemburgischen Autonummern. Sie fahren vor, ohne einzuparken, verstopfen die Straße in der zweiten Reihe, in der ansonsten zwei Autos nur mit Schwierigkeiten aneinander vorbeikommen. Stehen da um die Autos herum, fuchteln mit den Armen, die sie meist noch voller Päckchen, Pakete oder Geräte irgendeiner Art haben, und reden laut. In der letzten Zeit werden es immer mehr. Mehr Männer, mehr Autos, mehr Geräte. Die Männer sind alle in schwarze oder zumindest dunkle Anzüge gekleidet, die Frauen, die in der Minderheit sind, stelzen oder stehen in sehr hohen Hackenschuhen herum. Sie scheinen auf etwas zu warten, und plötzlich, wie auf ein verabredetes Zeichen, verschwinden sie alle zusammen im Nebenhaus. Manchmal ist es auch umgekehrt, sie kommen in drei, vier großen Autos angefahren, parken mitten in der Straße, kurbeln die Fenster rauf und runter, laute Musik tönt heraus, sie steigen aus, sie stehen herum, sie fuchteln mit den Armen, sie klappen mit den Türen, sie warten, gehen auf und ab, hin und her, Rufe in der nie gehörten Sprache ertönen, bis eine Gruppe aus dem Nebenhaus herauskommt und zu den Wartenden stößt. Vor dem Abrauschen der Autos gibt es ein ganzes Konzert, dann stürze ich oft auf den Balkon, um auch die Choreographie zu sehen, sie tanzen zwischen den Autos, den offenstehenden Türen und aufgeklappten Kofferräumen, von einem Wagen zum anderen, holen, bringen, packen umständlich herum und verstauen in den Kofferräumen, dann ein letztes Plätzetauschen, die Frauen setzen sich immer nach hinten, am Steuer sitzen nur Männer, nun läuft es im Crescendo auf das Finale hinaus, Trippeln, Rufe, ein, zwei, drei Türen klappen, lautere Rufe, noch einmal klappen ein, zwei, drei, vier Türen, noch lautere Rufe, bis die allerletzten Rufe erschallen, dann geben sie Gas, die Motoren aller Autos heulen auf – die Kolonne rauscht ab, als setze sich ein Hofstaat in Bewegung, und nach ihrem Abrauschen scheint die Straße sehr still zu sein.

Noch nie habe ich mit einem von diesem neuen Stamm gesprochen, nicht einmal einen Gruß getauscht, im Vorübergehen etwa, und ich habe wirklich keine Vorstellung, woher sie kommen, wer sie sind und was sie im Leben so tun. Wenn ich ihre großen luxuriösen Autos sehe, denke ich, bald werden sie wahrscheinlich Villen an der Côte d'Azur oder Wohnungen mitten in Paris kaufen. Sicher gehören sie zu denen, die später sagen werden, ach ja, in der Rue Edel, da haben wir am Anfang auch gewohnt.

Sonst ist unsere Straße ja eigentlich eine ruhige Straße, nur manchmal passiert es, daß jemand den Motor seines Autos oder laute Musik oder beides stundenlang laufen läßt, natürlich immer direkt vor meinem Fenster, und der Korridor verstärkt alle Geräusche genauso, wie er die Hitze verstärkt. Ich springe dann auf und gucke wütend vom Balkon, denn merkwürdigerweise kann ich den Lärm besser ertragen, wenn ich seine Quelle gesehen habe. Oft ist die Quelle ein Mann, von dem das Gerücht geht, er betreibe eine illegale Autowerkstatt, ein Araber, so um die Fünfzig. Man sieht ihn tatsächlich ganze Tage über eine geöffnete Motorhaube gebeugt, der seines alten Mercedes oder anderer, meist ebenfalls sehr alter Autos, und dabei läßt er immer wieder den Motor aufheulen, verbreitet Lärm und Gestank. Außerdem läuft er wie ein Sheriff durch die Straße und tut so, als habe er hier etwas zu beaufsichtigen, finster und arrogant wirkt er, grüßt nie, und eine Frau oder eine Familie hat man auch noch nie an seiner Seite gesehen.

Nachdem wir seit Jahren schon jeden Tag grußlos aneinander vorbeigegangen waren, konnte ich es eines Tages nicht mehr ertragen, ich fand dieses Aneinandervorbei-Gucken verbohrt, irgendwie grausam und auch anstrengend. Deshalb startete ich eine Friedensinitiative, begann einfach, ihn zu grüßen, *bonjour*, den minimalen Gruß, den er, zunächst überrascht, auch minimal beantwortete. *Bonjour* hin, *bonjour* zurück, ein kurzes knappes Kopfnicken – Wochen, Monate ging es so. Es blieb aber ein kalter Frieden, und nie war er es, der zuerst grüßte oder auch nur zu einem Gruß ansetzte, das ermüdete und erzürnte mich, ja, manchmal haßte ich ihn geradezu dafür, denn wir begegnen uns ja dauernd, ich kann ihm nicht aus dem Weg gehen oder ihn sonst vermeiden, da er sich entweder über seine Motorhauben beugt oder wichtigmacherisch und gespreizt durch unsere Straße eilt, wie ein Sheriff eben, der die Kontrolle behalten muß.

Schließlich hat Peter eine zweite Friedensinitiative gestartet. Zufällig parkten sie einmal nebeneinander vor dem häßlichen Telekomgebäude, wo zwar ein Schild angebracht ist, das das Parken verbietet, aber einige Bewohner unserer Straße haben die Rechtmäßigkeit dieses Verbots in Zweifel gezogen, dagegen geklagt und auch Recht bekommen, so daß es nun ausdrücklich erlaubt ist, unter dem Verbotsschild zu parken, was nur die Eingeweihten wissen, zu denen Peter und unser Sheriff natürlich gehören. Sie stiegen beide fast gleichzeitig aus ihren Autos, und statt stumm auseinander und ihrer Wege zu gehen, wünschte Peter dem Sheriff einen guten Tag und, da es gerade am Ende der Ferienzeit war, auch noch, schöne Ferien verbracht zu haben, und dazu kommentierte er noch ein bißchen das Wetter, wie warm, wie windig und wie es während der Ferien so still in der Stadt gewesen sei. Und plötzlich fing auch der Sheriff an zu sprechen, seine Zunge löste sich, sein Gesicht entspannte sich, erzählte Peter später, »es war, als hätte ich einen neuen Kontinent entdeckt«. Er lächelte sogar, aber dann fing er zu klagen an, als habe er nur darauf gewartet, endlich einmal gehört zu werden in seiner Not. Zuerst klagte er über die Nebenkosten seiner Wohnung, Heizung, Wasser, Strom, alle diese Kosten, wie sie sich summierten, wie unfair sie verteilt würden, dann über die schrecklichen Zeiten heute, wie schwer die Lasten des Lebens zu tragen und wie ungerecht auch sie verteilt seien, und am Ende erzählte er, daß er viele Jahre als Fräser in einem Betrieb gearbeitet habe, da sei es ihm gut ergangen, doch eines Tages sei ihm ein schweres Gerät auf die Füße gefallen, und trotz jahrelanger Behandlungen hätten die Ärzte schließlich nichts anderes für ihn tun können, als ihn zum Invaliden zu erklären. Seitdem hockt er zu Hause herum oder läuft ziellos durch die Straße und wartet auf den Rentenzahltag. Die Frau hat ihn verlassen und die Kinder mitgenommen, sie hätten ihn bestimmt schon vergessen, erzählte er, seit mehr als zehn Jahren habe er sie nicht mehr gesehen, die Frau lasse einfach nichts mehr von sich hören, komme nicht vorbei und rufe niemals an. Der alte Mercedes, über dessen Motorhaube er seine Tage verbringt, ist alles, was ihm geblieben ist.

Ein-, zweimal im Jahr aber leistet er sich etwas Gutes, er fährt nach Baden-Baden hinüber, nimmt ein Tagesticket für 25 Euro und badet in den heißen Quellen des Caracalla-Bades, geht dann in die Sauna und läßt sich massieren. Das tröstet ihn ein bißchen.

Lange Zeit wohnte auf unserer Etage Frau Loeb, eine der drei jüdischen Witwen, vor wenigen Jahren erst ist sie gestorben. Sie war von Anfang an unsere Nachbarin, damals lebte ihr Mann noch. Oft hat sie mir gesagt, wie froh sie sei, »Jidn« als Nachbarn zu haben.

Ich konnte sie hinter der Wand meines Arbeitszimmers sprechen hören, mit einem Besuch oder einem ihrer Söhne, unsere Wohnungen sind sehr hellhörig, und manchmal habe ich sie auch singen gehört, ganz laut, mit kräftiger Stimme, hebräische Gebete, am Freitag abend oder an einem Feiertag, manchmal konnte ich sogar die Worte verstehen. In dieser kräftigen, ja gewaltigen Stimme war nur schwer die kleine Person wiederzuerkennen, die mir sonst, geradezu übertrieben um Diskretion bemüht, begegnete, sich immer zurücknahm, sich nie helfen lassen wollte, obwohl ich es ihr oft anbot, und sich jedesmal überschwenglich bedankte, wenn sie doch einmal eine Gefälligkeit annahm, *vous êtes très gentille, Madame!* Wir sind uns ja fast täglich über den Weg gelaufen, haben uns gegenseitig kommen und gehen gehört, das Auf- und Abschließen unserer Türen wahrgenommen, ob man es wollte oder nicht. Einige Male habe ich sie in Panik erlebt, wenn nämlich unsere Katze, ohne daß ich es bemerkt hatte, über den Balkon zu ihr hinübergeklettert war und ihr, ich weiß nicht durch welche Aufführungen, schreckliche Angst machte, dann klingelte sie Sturm bei uns, »holen Sie die Katze weg, schnell, bitte, schnell!« Später hat sie sogar eine Art Trennwand zwischen unsere Balkone gezogen, um der Katze den Zugang zu versperren.

In den ersten Jahren sah man Herrn Loeb jeden Vormittag, immer zur selben Zeit, zur *Brasserie de l'observatoire* gehen, um dort seine Zeitung, die *Dernières Nouvelles d'Alsace*, zu lesen, während seine Frau das Mittagessen vorbereitete, die Zeitung brachte er ihr mit, die las sie dann nach dem Essen, während er seinen Mittagsschlaf machte. Nachmittags gingen sie zusammen spazieren, einer bei dem anderen untergehakt. Er war einen Kopf kleiner, aber vierzehn Jahre älter, Steuerinspektor beim französischen Staat, und verließ das Haus niemals ohne seinen Hut auf dem Kopf. Sie sprachen miteinander im elsässisch-jüdischen Dialekt, denn sie stammten beide aus kleinen elsässischen Orten, sie aus Mertzwiller und er aus Ingwiller; den Dialekt hört man hier nicht mehr oft, und er wird sich wohl bald ganz verloren haben, weil die meisten elsässischen Juden nach dem Krieg, oder spätestens ihre

Kinder, in die Stadt gezogen sind und sich völlig an die französische Sprache assimiliert haben. Wir haben immer Französisch miteinander gesprochen, denn den Dialekt verstehe ich nicht, und Hochdeutsch mochten sie nicht sprechen. Dabei waren ihre beiden Väter im Elsaß geboren, als es nach dem Krieg 1870/71 deutsch geworden war, sind dort aufgewachsen und während des Ersten Weltkriegs als Soldaten für das Deutsche Reich gegen Frankreich ins Feld gezogen, wofür sie sich später, nachdem das Elsaß wieder französisch geworden war, als »Deutsche« beschimpfen lassen mußten, bevor die Deutschen sie schließlich als »Juden« deportierten, und zwar zu einer Zeit, als sie in Auschwitz noch die Zeit fanden, den Häftlingen eine ordentliche Nummer zu tätowieren, so daß Frau Loeb im Gegensatz zu Frau Kertész auf dem Unterarm ihre Nummer trug, die man im Sommer sah, wenn sie kurzärmelige Kleider trug. Sie versteckte die Nummer nicht, aber sie zeigte sie auch nicht her.

Die Szene ihrer Deportation hat mir Frau Loeb wieder und wieder erzählt, nicht im Hausflur, nein, aber wenn wir bei ihr, in ihrer Wohnung waren, hinter der geschlossenen Wohnungstür. Die ganze Familie war damals nach der deutschen Besatzung schon auf der Flucht in die unbesetzte Zone gewesen, aber unterwegs, in einem Haus in den Vogesen, in dem sie gerade hatten unterkommen können, wurden sie doch »geschnappt«, wie Frau Loeb erzählte, die Mutter war krank, und sie, die damals ein junges Mädchen war, hat den deutschen Soldaten dazu überreden können, die Mutter dort zurückzulassen, »se isch do krank«, hatte sie zu ihm gesagt, und der deutsche Soldat hatte daraufhin entschieden, »gut, die kann dableiben«. Für den kleinen Sohn ihrer Schwester konnten sie keine Gnade erringen, da gab es keine Ausnahme, der kleine Fünfjährige, »der muschte mit«. Sie weinte jedesmal, wenn sie die Szene erinnerte, und zählte jedesmal die Toten auf, den Vater, die Schwester, den kleinen Jungen, »die haben sie später umgebracht, wofür denn bloß?«, dann entschuldigte sie sich für das Weinen und vergaß auch nie zu sagen, bei den Deutschen waren auch welche dabei, die gar nicht dafür waren, einmal habe ein deutscher Soldat zu ihr gesagt, bist auch bloß so ein armer Teufel wie ich!

Ihre Mutter konnte sich in den Süden von Frankreich durchschlagen, wurde dort versteckt und überlebte, genau wie ihr Mann, Herr Loeb, den sie damals natürlich noch nicht kannte. Er war zuerst Soldat und konnte nach der Kapitulation als Angestellter der französischen Armee in Marseille bleiben, nach den Rassegesetzen wurde er aber bald aus der Armee entlassen und hat sich nach der deutschen Besetzung der freien

Zone bis zum Ende des Krieges ebenfalls irgendwo im Süden auf einem Bauernhof versteckt, »alle wußten, daß er ein Jid ist, keiner hat ihn verraten, bis zum Schluß«, erzählte Frau Loeb oft. Immer wieder aber beschwor sie auch Episoden und Szenen ihrer Deportation, wie die Mengele-Selektionen, bei denen sie immer Glück gehabt hatte; noch heute erwache sie manchmal mitten in der Nacht aus dem Schreckenstraum, sie stünde wieder in der Reihe bei der Selektion, sagte sie, und jedesmal, wenn ihr dann klar werde, daß es vorbei sei und sie es überlebt habe, danke sie Gott im Gebet. Noch am letzten Tag im Lager, am Tag der Befreiung im Januar 45, als sie gerade Wasser vom Schnee trinken wollte, seien zwei deutsche Soldaten aufgetaucht, die schon dabei waren zu flüchten, und der eine habe das Gewehr auf sie angelegt, um sie noch zu erschießen, aber der andere habe gesagt, laß die doch, wir müssen jetzt abhauen, hat sie erzählt.

Von den Deportierten aus Mertzwiller ist sie als einzige zurückgekommen, 31 jüdische Familien gab es »vorher« in dem Ort, »nachher« gab es außer ihr und ihrer Mutter keine mehr.

Ihren Söhnen hat sie von ihrer Leidensgeschichte natürlich noch viel mehr und noch öfter erzählt, »von früh bis spät, jeden Tag«, sagte mir einer von ihnen später, nach ihrem Tod. Sie habe im Grunde nie aufhören können, immer wieder alle Einzelheiten und alle Stationen der Deportation aufzuzählen, sie hätten es manchmal wirklich nicht mehr hören können. Einer von Frau Loebs Enkeln, der gelegentlich zum Spielen zu uns herüberkam, als er noch klein war, hat sich als Jugendlicher selbst eine Auschwitznummer auf seinen Unterarm tätowiert und ist damit herumgelaufen, hat sein Studium und alle Beziehungen zur Welt abgebrochen, ist in einen Wald gezogen, weit vor der Stadt, und hat dort in einem Wohnwagen gelebt; er ließ sich auch von seinen Eltern nicht besuchen, ja nicht einmal mehr ansprechen, und natürlich auch von niemandem sonst, er kündigte seine Existenz auf, zündete eines Tages den Wohnwagen an und fand darin den Tod.

Sein Vater ist Frau Loebs ältester Sohn, auf einem Foto, das auf ihrem Nachttisch stand, war er in der Uniform der französischen Armee zu sehen, während seines Militärdienstes war er nämlich bis zum Hauptmannsrang aufgestiegen, darauf war seine Mutter sehr stolz. In seinem zivilen Leben ist er Arzt, und soweit ich in unserem nachbarschaftlichen Leben zurückdenken kann, hörte ich ihn jeden Abend um Viertel vor neun den Schlüssel in der Tür zur Wohnung seiner Mutter drehen, dann *c'est moi* rufen und eintreten. Man konnte die Uhr danach stellen, nie kam er eine Minute früher oder später, danach hörte ich sie hinter der

Wand angeregt sprechen. Als ich ihr einmal sagte, wie bewundernswert ich es fände, daß ihr Sohn sie so regelmäßig jeden Abend besuche, wie schön es sein müsse, einen so treuen Sohn zu haben, kommentierte sie meine Bemerkung nur mit einem ziemlich trockenen: »Ich finde das normal.« Dieser Kommentar stand in krassem Gegensatz zu ihrer großen Bescheidenheit in allen anderen Dingen und ihrer Zurückhaltung, jemanden, zum Beispiel mich, ihre Nachbarin, um irgend etwas zu bitten. Der zweite Sohn, der jüngere, lebt in einer ziemlich entfernten Stadt, wo er an der Universität Mathematikprofessor ist und Zahlentheorie lehrt, aber auch er kam seine Mutter regelmäßig in allen Semesterferien besuchen und wohnte dann bei ihr, in der Wohnung, in der er schon aufgewachsen war, denn die Loebs gehörten zu denen, die gleich am Anfang in das Haus eingezogen waren, nachdem es gebaut worden war.

Die Regelmäßigkeit und Zuverlässigkeit waren Familieneigenschaften, darüber hinaus sind es ja auch jene Stammeseigenschaften der »Jeckes« – zu denen die elsässischen Juden nun einmal gehören –, über die alle anderen Juden auf der Welt lachen, wahrscheinlich weil sie den in ihren Augen pedantischen, regelhörigen und biederen Charakter der Deutschen prägen, ohne dessen Bedrohlichkeit, sozusagen eine harmlose, ungefährliche Variante des großen Schreckens.

Nachdem ihr Mann gestorben war, setzte Frau Loeb ihre Spaziergänge noch lange jeden Nachmittag mit der gleichen Regelmäßigkeit allein fort, drehte ihre Runde an den Kanälen entlang bis zur *Citadelle*, weil ihr Sohn, der Arzt, ihr gesagt hatte, daß Bewegung und frische Luft für die Gesundheit gut seien. Als das Laufen für sie schwieriger wurde, nahm sie einen Stock zu Hilfe, und als Spaziergänge auch mit dem Stock zu beschwerlich wurden, stellte sie sich bloß noch jeden Tag eine halbe Stunde, ob es regnete oder die Sonne schien, auf den Balkon, in die frische Luft, und guckte die Straße rauf und runter oder in den Himmel gegen Osten. Wir winkten und grüßten uns über den Balkon und redeten ein bißchen, die Trennwand aus Draht hatten wir nach dem Tod der Katze niedergerissen.

Richtig krank wurde sie erst nach ihrem neunzigsten Geburtstag, da konnte sie dann auch nicht mehr auf dem Balkon stehen. Ihr Sohn, der Arzt, hätte sie gerne ins Krankenhaus oder ein Pflegeheim gebracht, aber das lehnte sie ab, nur über ihre Leiche, niemals! So organisierte er eine ganze Kette von Hilfsdiensten und übergab mir, als Frau Loeb irgendwann gar nicht mehr aus dem Bett herauskam, die Schlüssel, damit ich den verschiedenen Leuten, Lieferanten, Krankengymnastinnen, Handwerkern oder einfach Besuchern, die Tür öffnen und sie wohl auch ein bißchen beaufsichtigen könnte. Bevor ich aufschloß, klopfte ich laut, dann rief ich, »ich bin's, die Nachbarin«, und kündigte die Person an, die jetzt hereinkommen würde, danach ließ ich sie wieder hinaus und sperrte die Tür wieder zu, vorher aber blieb ich meistens noch eine Weile bei Frau Loeb, und wir unterhielten uns. Mit zunehmender Schwäche gab sie ein bißchen von ihrer Distanz auf, und wir sprachen über vieles, über Mütter und Söhne, sie hatte zwei, und ich habe auch zwei, über Krankheit und Gesundheit, über Jugend und Alter, über die »Jidn« und die Gojim, über Krieg und Frieden und immer wieder über die Deportationen der Juden damals, und jedesmal, wenn ich ging, bedankte sie sich überschwenglich und sagte, *»vous êtes très gentille, Madame«*, und ich antwortete »ist nicht der Rede wert«.

Frau Loeb hatte die Angewohnheit, im Bett aufrecht zu sitzen, zur Seite, mit den Füßen auf dem Boden, als ob sie gleich aufstehen und loslaufen würde. So verbrachte sie ihre Tage, sehr aufrecht sitzend im Bett, mit dem Blick über das Zimmer, zur geöffneten Tür hin, aber auch über die Bildergalerie, mit den Fotos ihres verstorbenen Mannes, ihrer Söhne und Enkel. Mit der Nachricht vom Tod des ältesten Enkels hatte ihr Sohn sie verschonen wollen, sie hat es aber sofort gespürt, gefühlt, gewußt, hat sie mir gesagt, weil sie ihn so lange nicht mehr gesehen hatte, weil er nicht mehr gekommen war. Im Bett liegen mochte sie nicht, aber die Krankenschwester, die dann jeden Tag kam, meinte, sie dürfe sie nicht in sitzender Position verlassen, Frau Loeb müsse im Bett liegen, es sei Vorschrift, daß die Kranken liegend verlassen werden und nicht sitzend. Wenn ich gerade da war, versprach ich ihr, darauf zu achten, daß Frau Loeb sich ordnungsgemäß hinlege, und dabei zwinkerten wir uns hinter dem Rücken der Krankenschwester zu, denn sie blieb natürlich sitzen. An einem dieser Nachmittage erzählte sie mir wieder vom glücklichsten Moment ihres Lebens, als sie nach der Rückkehr aus dem Lager erfuhr, daß ihre Mutter noch lebte, wie sie ihre Stimme am Telefon hörte, und da weinte sie wieder. Danach zählte sie mir alle Juden von Mertzwiller und Ingwiller mit Namen auf, die alle Viehhändler und mit ihr verwandt gewesen waren. Es war unser letztes Gespräch, natürlich endete es wieder mit »*vous êtes très gentille, Madame*« und »ist nicht der Rede wert« meinerseits.

Am nächsten Tag, es war Juli und sehr heiß, reiste ihr Sohn an, der gerade wieder Universitätsferien hatte, und da er nun die nächsten Wochen bei seiner Mutter verbringen würde, ging ich nicht noch einmal hinüber, sie wurde ja nun von ihm versorgt. Als wir am übernächsten Tag gerade unsere Koffer hinuntergeschafft und ins Auto verladen hatten, um in die Ferien zu fahren, und uns von Frau Loeb verabschieden wollten, trafen wir auf die beiden Söhne, die uns sagten, ihre Mutter sei in der letzten Nacht gestorben, verhältnismäßig friedlich, nur einmal habe sie gerufen, und dann sei es schon vorbeigewesen. Die beiden fünfzigjährigen Männer standen in der offenen Tür und weinten.

In all den Jahren, die wir hier schon wohnen, sind wir natürlich oft verreist, mit vollgepacktem Auto in die Ferien, hinten die Kinder, die Koffer auf dem Dach. Das ist aber schon sehr lange her, nun sind es die Enkelkinder, die wir mit in die Ferien nehmen. Oft bin ich zu Lesungen oder Tagungen oder irgendwelchen anderen Veranstaltungen gefahren, meist nach Deutschland, manchmal in die Schweiz und manchmal auch in fernere Länder. So habe ich überhaupt erst den Westen Deutschlands kennengelernt, Städte, die vorher immer nur Namen geblieben waren, Hamburg und München und viele kleinere Städte, deren Namen ich kaum kannte.

In sehr unregelmäßigen Abständen komme ich auch nach Berlin zurück, ich bleibe nie länger als ein paar Tage, und es ist jedesmal eine schwierige Begegnung mit meiner Heimatstadt, der Stadt, in der ich geboren wurde und aufgewachsen bin. Alles ist jetzt anders, und nichts hat sich verändert. Ich erkenne die Stadt an jedem Platz und in jedem Moment wieder, und wenn sie sich neuerdings auch noch so herrichtet und begehrt und bewundert wird, bleibt sie für mich doch immer der Ort, von dem ich mich, solange ich dort lebte, wegwünschte und fortsehnte. Und auch wenn ich jetzt wiederkehre, kann ich keinen Platz für mich finden, ich laufe kopflos durch die Stadt, deren Osten mir nur allzusehr vertraut ist, in dem ich jede Straße kenne, auch wenn ich sie jetzt manchmal kaum wiedererkenne, deren Westen ich mir jedoch mit einem Stadtplan erlaufen muß, da er uns damals, in der geteilten Stadt, verschleiert blieb. Unter dem Schleier aber verbarg sich dasselbe Gesicht, wie ich später entdeckte, die gleichen breiten Straßen, die gleichen Zeichen einer zerstörten, hastig wiederaufgebauten Stadt, Straßen, Plätze, Häuser ähneln sich überall. Heute ist mir die Stadt heimatlich vertraut und ein Albtraum zugleich, ich gehöre nicht mehr zu ihr, schon so lange nicht mehr, und wenn ich dort bin, gehöre ich mir auch selbst nicht mehr richtig, bin statt dessen immer nur unterwegs, irgendwohin zu alten Freunden, auf neuen Linien von Bahnen und Bussen, die es damals nicht gab oder von denen ich nichts wußte, weil ich die Stadt in ihrer Gänze nie durchfahren konnte und immer irgendwo im Osten abgeschnitten zurückblieb. Oder ich habe etwas zu tun, treffe Leute, die hierhergezogen sind aus Städten der Provinz, weil es in Berlin nun so aufregend ist und so interessant, wie sie erzählen, und innerlich lächle ich überheblich, wenn ich das höre, weil ich meine, es besser zu wissen. Unter den alten Freunden glaube ich, den alten Platz wieder einnehmen zu können, den ich damals, vor so vielen Jahren, verlassen habe, aber diesen Platz gibt es natürlich schon lange nicht mehr, denn genau wie die Plätze der Stadt durch Abriß und Umbau, Renovierung und Rekonstruktion ganz verändert sind, hat sich durch Entfernung, Entfremdung und Tod das Netz der Freundschaften verzogen, ehemals feste Bindungen haben sich gelockert, Knoten haben sich gelöst, ganz neue Konstellationen haben sich eingestellt, der eine spricht nun schon jahrelang mit dem anderen nicht mehr, die hat eine unglückliche Episode mit jenem erlebt, einer ist ewiger Student geblieben, der andere in Amerika Professor geworden, und man hört nicht viel von dem einen und auch nicht von dem anderen, manche haben sich in den neuen Verhältnissen gut eingerichtet, manche wurschteln sich so durch, und manche sind zu Ruhm gekommen, hier oder woanders, obwohl das nie jemand für möglich gehalten hätte, manche sind gescheitert und einige sind gestorben, ziemlich viele sogar. Wir zählen sie auf, wenn wir zusammensitzen, die Toten, und alles, was geschehen ist. Die alten Freunde haben die Veränderungen in Berlin, die großen dramatischen und die kleinen unmerklichen, miterlebt und haben sich dabei selbst verändert, aber ich habe ja all das verpaßt und währenddessen meine Zeit am Schreibtisch hinter dem Fenster in der Straße des Anfangs verbracht, und komme nun, um mir alles erzählen zu lassen.

Ein Gefühl von Unwirklichkeit des Ortes und der Zeit befällt mich jedesmal dabei, es schleicht sich in alle Begegnungen, in alles, was ich sehe, und alles, was ich höre, und alles, was ich erfahre.

Nur in Karlshorst, dem ruhigen, wenn auch vernachlässigten Villenvorort, in dem ich aufgewachsen bin, damals das »Dahlem des Ostens« genannt, hat sich eigentlich nicht viel verändert, allerdings sind jetzt Yoga- und Fitneßstudios in die renovierten und gepflegten Villen eingezogen. Die Bäume sind hochgewachsen, und der Traberweg, auf dem ich mit meiner Freundin zur Schule trabte, ist fast ganz zugewachsen. Die Freundin wohnt noch immer dort, manchmal fahre ich hinaus, um sie in der großen Villa ihrer Eltern zu besuchen, wo wir schon als Kinder zusammen gespielt und im Garten mit unseren Hunden Arco und Atzi herumgetobt haben, die Arztpraxis der Eltern war gleich nebenan. Inzwischen ist meine Freundin selbst Ärztin und hat längst die Praxis ihrer Mutter übernommen, und bald wird es ihre Tochter sein, die die Tradition fortführen wird. Einmal fragte mich meine Freundin, ob ich nicht unser altes Haus sehen möchte – es liegt in derselben Straße, nur ein paar

Nummern weiter. Ich habe nein gesagt, nein, eigentlich nicht. Wozu.

Auf dem Weg nach Berlin durchquere ich jedesmal die hessische Heimat meines Vaters, das liebliche hügelige Land, das er liebte und den ewigen »Kiefern auf Sand und Fichten auf Sand« des flachen märkischen Brandenburgs, das Berlin umschließt, entgegenhielt. Berlin ist der Ort, in dessen Abneigung er sich mit meiner Mutter einig war, obwohl oder weil er dort so lange gelebt hat, der Ort, an dem er auch gestorben und begraben ist. Die Straße des Anfangs hat mein Vater nie gesehen, er hat mich nie hier besucht, denn er ist schon kurz nachdem wir hier eingezogen sind, gestorben. Das war noch zur Zeit der DDR, und ich hatte viele Hindernisse zu überwinden, um zu seinem Begräbnis in das verlassene Land wieder eingelassen zu werden. Seitdem hatte ich sein Grab nicht mehr besucht, bei späteren Berlin-Aufenthalten auch deshalb nicht, weil ich, um zum Friedhof nach Weißensee zu kommen, erst lange mit der Straßenbahn durch Teile der Stadt fahren muß, die ich zu meiden suche, denn »es ist schmerzlich, an einem Ort sich aufhalten zu müssen, wo alles, was unseren Blick erreicht, uns angeht, uns betrifft«, wie Montaigne sagt.

Der jüdische Friedhof in Weißensee ist ein ganz besonderer Ort, eigentlich war er zur Zeit der DDR für Juden, die nicht in die einzige Synagoge in der Rykestraße gingen, in der sich ein winziges Häuflein meist polnischer Überlebender traf, der einzige jüdische Ort überhaupt. Dort konnte man lange spazierengehen und von den Steinen die Namen ablesen, die den unseren so ähnlich sind, und sich vorstellen, wie es wäre, wenn man irgendwo lebte, wo das Jüdischsein nicht dem Totsein gleichkäme.

Es war reiner Zufall, daß ich aus irgendeinem Anlaß einmal in einer Novemberwoche mit dem Todestag meines Vaters in Berlin war und plötzlich den Wunsch hatte, an sein Grab zu gehen, ich hatte ja noch nicht einmal seinen Grabstein gesehen. So fuhr ich mit der Straßenbahn vom Alexanderplatz die lange Greifswalder Straße hinauf, in der unsere letzte Berliner Wohnung gelegen hatte, eine Straße, die sich zu DDR-Zeiten völlig vernachlässigt und heruntergekommen hinstreckte, obwohl man an manchen Stellen noch die spätklassizistische Architektur ahnen konnte, wenn auch nicht an dem Haus, in dem wir wohnten, das ein Altneubau war, wie unseres jetzt, hier in der Straße des Anfangs.

Das Grab meines Vaters konnte ich leicht wiederfinden, denn so viele Juden sind ja in Berlin seitdem nicht gestorben und begraben worden, da nicht mehr viele dort lebten, bevor die russischen Juden in den neunziger Jahren kamen. Sie haben sich inzwischen ein eigenes Friedhofsareal erschlossen, weit von dem, wo mein Vater liegt, in der Tiefe des Friedhofswaldes, und zwar genau jenes Areal, um das seit Jahrzehnten, sogar schon vor dem Krieg, mit der Stadt gestritten und prozessiert wurde, weil die Stadt Berlin auf diesen Teil des Grundes, laut Grundbuch, einen Anspruch erhob, um dort eine Straße zu bauen, die sie jedoch nie baute, so daß sich in all den Jahren immer eine leere, nur von Unkraut bewachsene Schneise quer durch den Friedhof zog. Die russischen Juden haben dieses Dilemma in ihrer Übermacht, auch an Gestorbenen, offensichtlich zu ihren Gunsten lösen können, die Schneise ist jetzt mit Gräbern gefüllt, deren Grabsteine, ganz nach russischer Sitte und im völligen Gegensatz zu allen anderen Gräbern dieses Friedhofs, mit Blumen und Fotos der Verstorbenen geschmückt sind.

Den Grabstein meines Vaters hat seine letzte Frau ausgesucht, und er gefällt mir nicht, aber die Frau hat mir ja auch nicht gefallen.

Ich habe mir dann die Gräber der neuen Toten angesehen und dabei in der Nähe Gräber von Leuten entdeckt, die mir damals, als ich noch in Berlin lebte, gar nicht alt erschienen waren, aber sie hatten, wie auf den Steinen geschrieben ist, ein lebenssattes Alter erreicht, und das zeigte mir, wieviel Zeit vergangen ist, seit ich schon nicht mehr in Berlin lebe, sondern hier in der Straße des Anfangs und des Ankommens, das nun schon so lange dauert. Einige jedoch sind tatsächlich früh verstorben, sie waren kaum älter als ich, Sascha zum Beispiel sah ich da neben seiner Mutter begraben liegen, ich weiß nicht, was geschehen ist, ob er krank war oder einen Unfall hatte. Wir haben damals in Berlin mit ihm zusammen unsere ersten hebräischen Vokabeln gelernt und denken jetzt noch jedes Jahr zu Pessach am Sederabend an ihn, wenn ganz zum Schluß dieser langen Nacht das Lied *Chassal Sidur Pessach* gesungen wird, was in schrecklich zeremoniellem Deutsch mit »Die Festgebräuche sind vollbracht« übersetzt wird. Sascha kannte dazu eine besondere Melodie, die er so schön singen konnte; wir haben sie noch im Ohr, können sie aber nicht singen und haben sie später nie mehr irgendwo gehört, niemand kennt sie.

Auch Professor Herrmann liegt jetzt auf dem Friedhof in Berlin, der Stadt, in der er aufgewachsen und zur Schule gegangen war, bevor er sich, als die Nazis an die Macht kamen, über Shanghai nach Kanada retten konnte, dort ist er später Professor geworden und Kantor in der liberalen Synagoge von Montreal, den Traditionen des deutschen Reformjudentums verbunden, dem seine Familie vor ihrer Flucht anhing, und er hat diesen Traditionen die Treue gehalten wie ein wahrer Orthodoxer.

Wir kannten ihn, er wurde zu den hohen Feiertagen oft nach Ostberlin eingeladen, um in der einzigen Synagoge den Feiertagsgottesdienst zu leiten, denn der Gemeinde mangelte es damals an instruiertem religiösen Personal, das dazu in der Lage gewesen wäre. Er war offensichtlich von diesen Einladungen berührt, und es machte ihn glücklich, das deutsche Reformritual und die alten Lieder von Lewandowski in seine Heimatstadt zurückbringen zu können, woher sie ja gekommen waren. Der kleinen jüdischen Gemeinde aber, die zum größten Teil aus ein paar alten polnischen Juden und deren Kindern bestand, war diese Reformliturgie völlig fremd und unbekannt, voller Staunen und Entsetzen hörte sie ihn am Jom Kippur von seinem Vorbeter-Pult das an diesem längsten aller Tage immerhin zehnmal wiederkehrende, viele Seiten lange Sündenbekenntnis in reinstem Deutsch, sich dabei auf die Brust schlagend, herunterdonnern:

»Wir waren treulos, wir haben geraubt, wir haben Böses geredet, haben gefehlt, gefrevelt, waren übermütig, waren gewalttätig, haben Lügen erdichtet, schlechten Rat erteilt, gelogen und gespottet, haben uns empört, geschmäht, waren widerspenstig, handelten tükkisch, frech, feindselig, waren hartnäckig und böse und verderbt, wir verübten Greueltaten und gingen irre und haben irregeführt. Wie vieles haben wir verschuldet!«

Für die Männer und Frauen der kleinen Berliner Gemeinde klangen diese Worte in der vertrauten deutschen Sprache statt wie sonst im fremden Hebräisch ganz unerhört, sie faßten sich entsetzt an den Kopf und sagten zueinander, der muß ja völlig verrückt sein, der spinnt! Ich sehe diese Szene noch heute vor mir, die entgeisterte Gemeinde und Professor Herrmann, den Kantor, in höchster religiöser Leidenschaft.

Da liegt er jetzt in der Erde seines geliebten Vaterlandes, neunundsechzig Jahre alt ist er geworden. Sein Andenken möge Segen bringen.

Ich hingegen habe meine Begräbnisstätte schon auf dem jüdischen Friedhof in Straßburg gekauft, als es gerade ein Sonderangebot für Grabstätten gab, die ja, weil immerhin für die Ewigkeit, sonst eine ziemlich teure Angelegenheit sind. Peter hatte gesagt, komm, wir kaufen sie jetzt, dann ist das auch erledigt. Im Gegensatz zu Professor Hermann bedeutet es mir nichts, in der Stadt, in der ich so lange gelebt habe und an der ich hänge, ohne sie zu lieben, auch begraben zu sein. Vielleicht auch deshalb, weil ich nicht aus ihr vertrieben wurde, sondern sie aus freiem Willen verlassen habe.

Wie so viele andere in unserer Straße habe ich nie das Gefühl verloren, daß ich nicht »von hier« bin, in Berlin aber spüre ich nur allzusehr, daß ich nicht mehr »von dort« bin. So ist es ein Auseinandersein mit beiden Orten, aber das ist kein unerträgliches Gefühl, es beschwert mich nicht.

Wenn ich aus Berlin wieder in meine Straße zurückkehre, verspüre ich nie das Bedürfnis, irgend jemandem zu erzählen, wie es war, was ich erlebt habe. Es ist ja keine Reise wie andere, in eine Gegend, die zu entdecken wäre oder wo ich etwas besichtigt hätte, es bleibt immer eine Reise in eine entfernte Zeit, von der ich dort in seltenen Momenten etwas wiederfinde, die Brise des Nordens etwa, diese frühe Morgenstimmung, die mir, als ich dort noch lebte, oft einen Strom von Hoffnung und Elan, ja, Ermutigung zutrug, in der Stadt, aus der ich mich sonst so sehr wegwünschte und die ich damals nur in der Vorstellung einer Nachbarschaft mit Kleist, mit Caspar David Friedrich und Rahel Varnhagen ertragen konnte. Die legendäre Berliner Luft also ist es, die mich manchmal, immer ganz unerwartet, ein bißchen beseligt, diese Atmosphäre, die kühler ist als in Straßburg, wo die Luft weicher und schon ein bißchen südlicher ist, was ich besonders am Anfang stark empfunden habe.

Sowieso fragen die Leute ja hier nicht viel, außer das stereotype *ça va, ça va bien?* auf das man *ça va très bien, et vous?* zu antworten hat, also »wie geht's, geht's gut?« – »sehr gut, und selbst?«. Manchmal packt mich die Lust, der so grüßenden Person ins Gesicht zu brüllen, »es geht mir schlecht, so schlecht, Sie können sich gar nicht vorstellen, wie schlecht – und selbst?«, aber natürlich tue ich das nie, ich beuge mich der Konvention und habe sie irgendwann sogar schätzengelernt. Seit ich nämlich einmal versucht habe, das Gutgehen ein bißchen zu relativieren, weil ich dachte, es sei doch normal, daß man ab und zu nicht ganz auf der Höhe ist, das muß ich doch nicht vertuschen und immer dieses dumme Es-geht-mir-gut-Spiel mitspielen, fragen mich die Leute, denen ich mich damals offenbart hatte, bis zum heutigen Tag wie eine arme Irre, ob es mir jetzt besserginge.

Die Russen antworten auf die Nachfrage nach dem Befinden meistens: »normal«. Diese Antwort finde ich ehrlich und weise, und man kann sich doch leicht etwas darunter vorstellen.

Wenn Marie-Ange jedesmal, wenn man in ihren Bügelservice eintrat, auf die Frage *ça va?* mit großem Lachen antwortete, wie sehr gut es ihr gehe, mochte man es ihr fast glauben. Irgendwann habe ich aufgehört, selbst zu bügeln, und trug seitdem Hemden und Blusen zu ihr hinüber, so sind wir ins Gespräch gekommen, und Marie-Ange liebte das Gespräch so sehr, daß es immer sehr schwierig war, unter einer halben Stunde wieder fortzukommen, kaum hatte man den Laden betreten, ließ sie einen in ihren Redefluß eintauchen und darin untergehen. Sie stammt aus Portugal, von der Insel Madeira, das war ihr immer wichtig zu betonen, nicht vom Festland. Die rhetorischen Fähigkeiten, die man den lateinischen Völkern nachsagt, waren bei ihr sehr ausgeprägt, in allgemeine Betrachtungen zum Lauf der Welt flocht sie Begebenheiten ihres Lebens und dem ihrer Familie über mehrere Generationen ein und vergaß auch nie, ab und zu ein *grâce à Dieu* unterzubringen. Vor ihrer Boutique sah man oft, natürlich mitten auf der Straße, dicke Autos halten, aus denen gutgekleidete Damen oder Herren ausstiegen, die ihre Hemden, Hosen, Blusen ebenfalls zu Marie-Ange brachten; sie sahen so aus, als kämen sie aus den besseren Vierteln, bis zu denen sich Marie-Anges Ruf als Bügel- und Konversationskünstlerin offensichtlich verbreitet hatte. Im Haus neben dem Bügelservice hatte ihr Mann, der auch von Madeira stammt, einen Waschsalon, sie wohnten aber nicht in unserer Straße. Marie-Ange beklagte sich oft über die »Rowdies«, die »Gang«, wie sie sich ausdrückte, die mit ihren Kapuzen über dem Kopf vor der »falschen Einfahrt« des SoCoLoPO-Blocks herumlungerten, sich völlig ungeniert auch vor ihrem Schaufenster breitmachten, ihren Müll liegenließen und lärmten. Sie machten ihr auch ein bißchen Angst, deshalb holte sie manchmal ihre drei Töchter zur Verstärkung, die im Gegensatz zu ihr sehr groß sind und auch sehr kräftig wirkten. Jeden Sommer schloß sie den Bügelservice für zwei Monate, da fuhren sie alle mit dem Auto nach Portugal, nach Madeira, nach Hause, zu *maman*, wie sie immer sagte.

Irgendwann haben sie dann die Bügelboutique und den Waschsalon verkauft und sind nach Madeira zurückgezogen. Die Nachfolgerin von Marie Ange bügelt jetzt nicht nur, sie näht noch dazu, kürzt, verlängert, repariert Reißverschlüsse und ersetzt Jacken- und Mantelfutter, sagt aber im Gegensatz zu Marie-Ange nie »mit Gottes Hilfe« und ist viel zurückhaltender. Sie hat auch nicht gleich erzählt, von welchem Ende der Welt es sie in die Straße des Anfangs verschlagen hat, ich mußte es erfragen, denn an ihrem Akzent hörte ich ja, daß sie keine Französin ist, auch wenn sie sich Anne-Marie nennen läßt. Sie komme aus dem Iran, sagte sie, später hat sie noch erklärt, daß sie zu der relativ großen Minderheit der Azeri gehöre und eigentlich keine Sprache richtig sprechen, geschweige denn schreiben könne, Farsi habe sie in der Schule nie so richtig gelernt, Azeri nur im Dialekt und als Familiensprache gehört und gesprochen und Französisch bloß so aufgeschnappt, und ich empfahl ihr, wie schon den beiden kurdischen Brüdern, die Sprachkurse an der Volkshochschule, »Französisch als Fremdsprache«, die ich selber auch besucht hatte, am Anfang; da lernt man die Grundlagen und die Grammatik und ab und zu ein Gedicht von Victor Hugo, zum Beispiel das berühmte traurige über den Tod seine Tochter: *Demain dès l'aube, à l'heure ou blanchit la campagne / je partirai. Vois tu, je sais, que tu m'attends* (Morgen in der Frühe, zur Stunde der blassen Felder / werde ich aufbrechen. Denn ich weiß, nicht wahr, du erwartest mich*), es ist mir seitdem nicht mehr aus dem Kopf gegangen.

Wenn Anne-Marie ungefähr alle zwei, drei Jahre in die alte Heimat fährt, sie sagt aber nicht »nach Hause«, schließt auch sie den Bügelservice, immer im August, wenn in unserer Straße und ganz Frankreich das Leben sowieso völlig erstirbt, genauer gesagt, zwischen dem 14. Juli, an dem die Erstürmung der Bastille, und dem

* Deutsch von Hans Thill

15. August, an dem Mariä Himmelfahrt gefeiert wird. Das letzte Mal fiel ihre Reise gerade in den Ramadan, ich fragte sie später, wie sie sich da verhält, denn sie scheint, nach ihrem Aussehen, völlig unreligiös zu sein, sie trägt nicht die Spur eines Kopftuchs oder sonst einer Verhüllung. Ach, winkte sie bloß ab, wir ziehen halt ein Tuch über den Kopf, wenn wir auf die Straße gehen, und ansonsten leben wir drinnen unser Leben wie wir wollen und essen und trinken, soviel es uns paßt. Ihren Mann hat sie hier in Straßburg kennengelernt, er ist als politischer Flüchtling gekommen, hat in Frankreich Asyl erhalten und kann es nicht wagen, in seine Heimat zurückzukehren, solange »die« an der Macht sind, die Ayatollahs. Kinder haben sie nicht. Ihr Mann wartet, bis Anne-Marie wieder von ihrem Besuch aus dem Iran zurückkommt, dann fahren sie noch zwei Wochen richtig in die Ferien, zur Erholung in die Alpen oder an eine der drei Küsten Frankreichs.

So gibt es manche in unserer Straße, die irgendeine verlassene Heimat mit sich herumtragen, die sie freiwillig oder unfreiwillig verlassen haben, die sie verklären oder verabscheuen, nach der sie sich sehnen oder die sie lieber vergessen möchten und doch nie ganz hinter sich lassen können, wahrscheinlich leben sie auf irgendeine Art immer weiter an beiden Orten zugleich, durch die Sprache ihrer Herkunft und die Speisen ihrer Küche, die sie weiterhin kochen, durch hergebrachte Gesten und Gewohnheiten des täglichen Lebens, diesen oder jenen Gegenstand oder eine Redewendung, die sogar ihre Kinder noch als Erbe aus der Zeit ihrer Vorväter mit sich herumtragen, wenn sie sich schon in richtige Franzosen verwandelt haben und später ihren eigenen Kindern erklären, was es damit auf sich hat, mit der Redewendung oder dem Gegenstand, so wie ich es mit der Salatschüssel aus Nagykanizsa tue. Meist schämen sich die Kinder ein bißchen ihrer Eltern, die sich zwar, da sie ja nun schon so lange hier leben, mit der Zeit ganz gut auskennen, beim Sprechen und beim Schreiben aber immer noch Fehler in der französischen Sprache machen, genauso wie bei den Umgangsformen und Sitten, die ihnen eben nicht seit Geburt vertraut und durch Herkunft und Erziehung überliefert sind; sie haben sich in einem Niemandsland eingerichtet zwischen vorher und jetzt. Was manchmal dazu führt, daß sie ihre alte Sprache und alte Gewohnheiten und Bräuche noch so lange bewahren, bis sie dort, wo sie einst entstanden, schon längst untergegangen und vergessen sind, wie zum Beispiel die Sprache der Romaniot, eine Art griechisches Jiddisch, das aus der Zeit nach der Zerstörung des Tempels, also aus dem ersten Jahrhundert christlicher Zeitrechnung stammt und jetzt nur noch in einer New Yorker Synagoge zu hören ist und sonst nirgendwo mehr auf der Welt.

Manche allerdings verlieren auch diese Orientierungen, die ihnen eine gewisse Richtung und einen Halt geben können, und gehen dann unter im Meer der Fremdheit. Wie die alte Frau, der ich an einem besonders heißen Tag einmal geholfen habe, die Straße zu überqueren. Ich traf sie nahe bei unserem Haus, im Schatten, sie wollte zum Kurden ans andere Ufer der Straße und bat mich, sie hinüberzuführen. Beim Überqueren der Straße krallte sie sich richtig in mich ein, ich mußte sie fast tragen. Nach ihrem Akzent hielt ich die Sprache, in der sie heftig auf mich einredete, für Ungarisch, sie komme aber aus Bosnien, erklärte sie, und lebe schon zwanzig Jahre in der Straße; ich hatte sie jedoch noch nie hier gesehen. Ihr Sohn sei schon vor langer Zeit nach Bosnien zurückgekehrt, ihr einziger Sohn, »andere Kinder – nix! Nix Familie – *rien*.« Warum sie denn nicht auch zurückgehe, zu ihrem einzigen Sohn, fragte ich sie, aber sie winkte bloß ab, fing in ihrer bosnischen Sprache, die ich nicht verstehe, zu klagen an, dann schimpfte sie, wie mir schien, ich verstand ja nichts, und dann schüttelte sie mich regelrecht ab. Wir waren inzwischen angekommen, und ich überließ sie dem Kurden, der mich, vor seinem Laden stehend, mit *ça va bien?* begrüßte, und ich antwortete ihm, wie es sich gehört, *ça va très bien, et vous?*, denn so haben wir das von den »richtigen« Franzosen gelernt.

Natürlich lebt in unserer Straße auch eine große Anzahl Hunde und Katzen, meistens gehören sie zu denen, die wir »das andere Frankreich« nennen und in den SoCoLoPo-Wohnungen wohnen; ihre Herrchen und Frauchen schlurfen, wie gesagt, oft in Pantoffeln über die Straße, schlechtgekleidet und ungepflegt, ohne jede *façon*, aber noch nicht völlig verwahrlost, bei ihrem Anblick könnte man sich irgendwo hinter Bukarest auf dem Balkan glauben. Von ihren Hunden sind manche sehr groß und manche sehr klein, der größte ist so groß wie ein Kalb, der kleinste ist nicht viel größer als eine Maus und kackt überallhin, was Frau Damiens aus dem dritten Stock über uns noch mehr aufregt als die spielenden Kinder in unserem Hof. Manche der Hunde würde ich Möpse nennen, aber die meisten von ihnen sind sowieso von undefinierbarer Rasse und haben genauso struppiges Haar wie ihre Herrchen oder Frauchen. Einer hat überhaupt nur drei Beine, *b'schur, Ma'm*, grüßt mich sein Frauchen, von dem ich bis heute nicht sicher bin, ob es nicht doch ein Mann ist, so forsch und krachend grüßt sie mich jeden Morgen, wenn wir uns begegnen, ich hole meine Baguette und sie führt den dreibeinigen Hund spazieren. Er hat auch nur ganz schütteres Fell, scheint aber ansonsten ein Lebenskünstler zu sein, so viele Jahre schon humpelt er auf seinen drei Beinen munter hinter seinem forschen Frauchen her, während man von anderen, kräftigeren, größeren, schöneren Hunden schon lange nichts mehr hört und sieht. Der dreibeinige Hund hat eine vierbeinige Katze als Partnerin, sie wohnen mit der Mannfrau in einer Wohngemeinschaft in einer der SoCoLoPo-Wohnungen im Hochparterre, und wenn ich an ihrer Wohnung vorbeigehe, kracht sie mir, auf das Fensterbrett gelehnt, ihr *b'schur, Ma'm* entgegen, während sie ihre Zigarette aus dem Fenster qualmt und die Katze es sich auf ihrem Rücken bequem macht, genau wie die Katze einer Bilderbuchhexe. Wenn ich sie so sehe, frage ich mich jedesmal, wie lange die beiden die Balance halten können und ob die Katze nicht gleich abstürzen wird, aber ihr Mannfrauchen – ich auf der Straße, sie im Fenster – erklärt mir, »wenn die Zigarette halb zu Ende ist, springt sie ab, die merkt genau, wann es soweit ist«. Sie meint die Katze, und ich kann bezeugen, daß sie tatsächlich abspringt, wenn die Zigarette zur Hälfte aufgeraucht ist, ich habe es nicht nur einmal gesehen.

Ich weiß nicht, ob es mehr Katzen als Hunde in unserer Straße gibt, man sieht die Katzen halt nur weniger draußen herumlaufen, dafür lümmeln sie um so mehr auf den Fensterbrettern, wo sie an Tagen, an denen es so heiß ist, daß der Kurde Tische und Stühle vor die »falsche Einfahrt« stellt, ihre Pfoten schlapp herunterhängen lassen, während die auf der Straße sich ein Schattenplätzchen unter den Autos suchen.

Auch wir gehörten früher zu den Besitzern einer Katze in unserer Straße, sie lebte viele Jahre bei uns, aber jetzt ist sie schon lange tot. Sie hat unsere Familie hier begleitet, solange die Kinder noch Kinder waren und bis über deren Auszug hinweg.

Sie wurde an einem Jom Kippur bei Bekannten geboren, ihre Geschwister hatten weiße Pfötchen und schwarze Lätzchen und fanden, weil sie so niedlich waren, schnell eine Familie, die sie aufnahm, nur unsere hatte gar nichts Besonderes an sich und blieb deshalb übrig. So kam sie zu uns, wir nannten sie »Atze« und gaben ihr im Laufe ihres Lebens noch viele andere Namen, die wir davon ableiteten, Atzeputz, Attelinchen, Putzeline, Puttelchen waren die gebräuchlichsten davon, aber wir nannten sie auch zärtlich Kuh, Schwein, Vieh.

Meine Mutter, die sie noch kannte, sagte aus unerfindlichen Gründen immer »er« zu ihr, obwohl es eine Katze und kein Kater war, und obwohl meine Mutter eigentlich eine Hundefreundin war, hörte ich die beiden manchmal intensiv miteinander sprechen. Sie versuchte sogar, die Sympathie von Frau Kertész für »ihn« zu erwecken, was aber vergebliche Liebesmüh war, Frau Kertész mochte Katzen ebensowenig wie Nadja, die Atze allerdings trotzdem fütterte, wenn wir in den Ferien waren, sich dafür aber jedesmal Stiefel anzog, denn sie behauptete, die Katze sei aggressiv zu ihr geworden, habe sie angegriffen und durch Tatzenhiebe gegen ihre Beine in die Flucht schlagen wollen; wir mußten ihr das glauben, denn wenn Atze auch für uns die liebste Katze der Welt war, wußten wir doch, daß sie zu Leuten, die Katzen nicht mochten, in einem negativen Kreislauf gegenseitiger Antipathie sehr böse sein, fauchen, beißen, kratzen und Strumpfhosen zerreißen konnte. Konventionen der Höflichkeit kennen die Tiere ja nicht, und Nadja hat dann meistens lieber Hakim hochgeschickt, »beziehungsweise« er konnte einfach besser mit dem Tier umgehen. Er kümmerte sich in völliger Gleichgültigkeit, ohne jede Zuneigung oder Abneigung, um unsere Katze, so wie auch wir ihren Pflanzen gegenüber empfanden, wenn wir sie während Nadjas und Hakims Abwesenheit gossen, jedenfalls machte er sich lustig über unsere westliche Anhänglichkeit an so ein Wesen, das doch nichts als ein Tier sei, von der Sorte, wie sie in den Städten des Orients zu Hunderten herumstreunten, Mäuse jagten und sich aus Mülltonnen ernährten, keiner beachte sie, man gebe ihnen höchstens einen Fußtritt oder werfe sie beiseite, wenn sie störten.

Unsere Katze dagegen jagte höchstens mal eine Fliege, ansonsten bekam sie ihre Nahrung aus Büchsen, nahm gerne noch Schokolade, Müsli oder gar Birnenscheibchen dazu und wurde mit den Jahren dick, wie alle westlichen Katzen, ich sah es ja, wenn ich sie mit den anderen Katzen, die auf den Fensterbrettern in unserer Straße lümmelten, verglich, doch wenn sie sich in unserer Küche auf rohes Fleisch stürzte, das vor dem Kochen oder Braten herumlag, versicherte sie sich und uns noch ihrer Raubtiernatur, aber auch wenn sie herumjagte und über alle Teppiche raste, über Tische und Stühle sprang, sie auch umwarf und es dann kurz vor der Tür gerade noch schaffte, mitten im Sprung, mit einer 180-Grad-Wende. Dank ihres Instinkts, der ihr also noch nicht völlig abhanden gekommen war, spürte sie außerdem jedes Gewitter, und wenn es noch zweihundert Kilometer weiter westlich, irgendwo hinter Metz, entfernt war, und zeigte es uns an, indem sie sich ganz tief in einen Schlupfwinkel unter dem Bett verkroch, aus dem sie sich erst Stunden nachdem sich das Gewitter verzogen hatte und die »Luft rein« war, wieder herauswagte. Die beiden Erdbeben allerdings, die Straßburg zu verzeichnen hatte, immerhin von der Stärke

4,6 auf der Richterskala, bei denen ich den Fernseher, der damals noch eine größere Kiste war, und den großen Topf mit dem Avocado-Baum ganz deutlich habe wackeln sehen, die hat sie verschlafen. Hakims Beobachtung stimmte schon, wir liebten unsere Katze auf westliche Weise, übertrieben und vielleicht unnatürlich, einfach weil sie da war, was auch geschah und wie es uns sonst zumute war. Ihr Lieblingsplatz war auf der Heizung, wo sie sich im Winter von unten den Bauch und von oben von der Sonne das Fell wärmen ließ, dabei schnurrte sie überschwenglich, so daß man es durch zwei geschlossene Türen hören konnte. Oder sie drängte sich an mich, wenn ich auf dem Sofa lag und ein Buch las, sie wärmte mich, und ich kraulte ihr den Bauch – fern der bösen, schwierigen und unverständlichen Welt. Die übertriebene Liebe zum Tier kommt wohl daher, daß sie nicht alle die Komplikationen, Forderungen, Mißverständnisse und Projektionen kennt, die die Liebe unter Menschen meistens begleiten, ja, sie überhaupt ausmachen. Wir übertragen unsere Wünsche und Sehnsüchte, vor allem die nach Harmonie auf das Tier, und das Tier erträgt sie und weist sie nicht ab, weist uns überhaupt nicht ab, diskutiert auch nicht, will sich nicht aussprechen, wirft uns nichts vor und beurteilt uns nicht. »Es ist die Zuneigung ohne Ambivalenz, die Vereinfachung des Lebens ohne den schwer erträglichen Konflikt mit der Kultur, die Schönheit einer in sich vollendeten Existenz«, so hat es Sigmund Freud in einem Brief beschrieben, als auch er sich fragte, warum er seine Hunde so liebte und so um sie trauerte, wenn sie nach ein paar Jahren des Zusammenlebens starben.

Bettler, Clochards und Straßenmusikanten wissen schon, warum sie oft einen Hund und manchmal eine Katze bei sich haben, denn diese Gefährten verstehen sie und stellen keine überflüssigen Fragen, erwecken aber das Mitgefühl der Vorübergehenden. Mein Mitgefühl mit ihnen ist jedenfalls meist stärker als mein Mitleid mit dem Bettler, denn ich kann mich des Gedankens und Gefühls nicht erwehren, daß der Mensch, der da seine Misere vorführt, sie irgendwie auch selbst verschuldet hat, er trinkt, er ist schmutzig, er nützt mich vielleicht aus, er spielt Theater. Aber das Tier, das spielt bestimmt kein Theater.

Unsere Katze lebte fast sechzehn Jahre mit uns, war da und rannte, sprang, tapste, schlief und schnurrte so gut wie allanwesend durch die Höhen und Tiefen dieser Jahre, in denen unsere Jungen zu jungen Männern heranwuchsen und später als ausgewachsene Männer in die Welt hinauszogen. Sie war eigentlich nie krank, und als sie am Ende krank wurde, war es gleich die Krankheit zum Tod, Behandlungen nutzten nichts mehr, und als sie wirklich nicht mehr krauchen konnte, nicht mehr aß und offensichtlich große Schmerzen litt, brachten wir sie zum Tierarzt und ließen sie einschläfern. Es war schwer, ihren Blick auszuhalten, denn als wir sie in die Todeszelle brachten, guckte sie, in einem letzten Anflug von Lebenswillen, neugierig um sich und schnupperte in die Luft, aber wenig später lag sie da, getötet, fremd und starr. Plötzlich hatte ich unendliches Mitleid mit ihrem kleinen sinnlosen Leben, das mir während ihrer Lebenszeit so vollendet erschienen war und das ich in seinem Eigensinn und Einssein mit sich selbst immer bewundert habe.

Ein paar Verrückte gibt es in unserer Straße natürlich auch, genauer gesagt drei, zwei vom »anderen Frankreich«, der dritte gehört zu den vielen Völkern.

Monsieur Henri strahlt unter seinem blonden Bärtchen immer wie ein Pfannkuchen, wenn er morgens, mittags, abends, sommers und winters, ob es regnet oder die Sonne scheint, mit seinem enthusiastischen, aber gestotterten *bon-bonjour* schon von weitem und mehrmals immer wieder grüßt, während er die Straße mit seinem Watschelgang in großen Bögen abläuft. Pech für die Autos, die ihm entgegenkommen oder im Schritt hinter ihm herfahren müssen, bevor er einmal abbiegt, um beim Kurden reinzuschauen oder in seine Wohnung im SoCoLoPo-Komplex zurückzukehren.

Der zweite Verrückte wohnt in unserem Häuserblock nach hinten hinaus, und da sieht man ihn vom Balkon pinkeln, eine gelbe Pinkelspur zieht sich von seinem Balkon hinunter bis auf den Hof; den Müll wirft er auch vom Balkon, in kleinen Dosen schüttet er ihn aus Behältern, die er auf dem Rand des Balkons noch ausklopft, dabei freut er sich diebisch und guckt über die Brüstung nach dem hübschen Häufchen, das da entstanden ist. An schönen Sommertagen hält er auf dem Balkon seinen Hintern in die Sonne und steht dort splitternackt, ohne Hemd und Hose, ein alter Mann von kraftloser Gestalt und faltig, nicht gerade schön anzusehen, nicht gerade ein Apollon, aber er bleibt da stehen, bis die Sonne hinter dem Haus untergegangen ist.

Über Monsieur Henri und den nackten Alten kann man lachen, aber der dritte Verrückte macht angst, denn er brüllt und schreit, *putain, merde, merde, putain de merde,* manchmal schreit er auch ohne Worte, wie ein Tier, der Schrei hält lange an, schwingt hoch hinauf und fällt dann tief hinab. Ich habe ihn aber noch nie gesehen, den Mann, der schreit, denn das dumpfe Brüllen kommt aus dem Inneren einer Wohnung, aus einem offenen Fenster, die Wortflüche hingegen, *putain de merde, conasse, pédé, merde*, stößt er auf der Straße aus, aber auch diese Ausbrüche habe ich nur von meinem

Zimmer aus gehört, weil ich mich schäme, auf den Balkon zu treten, um ihm hinterherzusehen, da es ja kein fliegender Hund sein wird. Nach seinem Akzent muß er zu einem der vielen Völker gehören, die in unserer Straße wohnen und eben auch ihre Genies und ihre Wahnsinnigen haben.

Verrückte Lebensgeschichten gibt es wohl viele in unserer Straße, meistens ahnt man sie nur, wenn man zufällig ein paar Bruchstücke zu hören bekommt. Doch einige von ihnen haben wir ganz aus der Nähe erlebt, und die verrückteste von allen soll in meiner Chronik nicht fehlen.

Am Anfang wohnte auf der anderen Straßenseite, uns gegenüber, die Familie Antonow, wir konnten uns von unseren Balkonen zuwinken, manchmal besuchten wir uns. Sie waren Juden aus dem Osten, wie wir, aber sie waren schon Ende der siebziger Jahre aus der Sowjetunion ausgewandert, zuerst nach Israel, bevor sie nach Straßburg kamen, weil man Boris hier eine Professur angeboten hatte. Boris war Wissenschaftler und Alexandra war Malerin.

Boris und Alexandra brachten jeweils zwei Kinder mit in die Ehe, und später bekamen sie noch zusammen viele Kinder, das hing wahrscheinlich mit ihrem religiösen Aufschwung zusammen. Genau wie wir und viele andere Juden unserer Generation, die man die zweite nennt, waren sie in ihren späten Jugendjahren auf die Suche nach ihrem verlorenen Judentum gegangen. Ihre jüdische Seele war noch während der sowjetischen Zeit, in der Stadt, die damals Leningrad hieß, erwacht, dort hatten sie ihr erste Nahrung gegeben; später, in Straßburg, erblühte sie und entfaltete sich, und bald erklommen Boris und Alexandra in so rasender Geschwindigkeit alle Stufen der Frömmigkeit, daß die gewöhnlichen, bald aber auch die religiösen und schließlich sogar die sehr religiösen Juden in Straßburg nur noch die Köpfe schüttelten. Das sei ja nicht normal, waren sich alle einig, und die Beziehungen verspannten sich, denn das Paar wurde irgendwann einfach als total meschugge eingestuft, so etwas kommt immer mal vor, »meschugge fromm« wird es genannt.

Wir, ihre Nachbarn, wurden von ihnen mehrfach des mangelnden religiösen Eifers angeklagt, dem Koscher-Niveau unserer Lebensmittel und unseres Lebensstils hatten sie von Anfang an nicht getraut, und unsere Beziehung verschlechterte sich dadurch, daß Alexandra bei den seltenen Malen, an denen sie noch zu uns herüberkam, sich vor meine Bilder stellte und sie, ohne längeres Hinsehen, im ganzen und im Detail kritisierte und kein gutes Haar an ihnen ließ, so daß ich mich nach jedem ihrer Besuche gekränkt, entmutigt und traurig fühlte.

Mit ihren extremen Forderungen und Urteilen über alles und jeden fanden Boris und Alexandra dann in Straßburg bald keine Freunde, keine Bekannten, keine

Synagoge und kein Lehrhaus mehr, die ihnen fromm genug gewesen wären, und zogen folgerichtig eines Tages fort. Zuerst nach Italien, so hörte man, später nach Kanada, in der Mission, jüdische Seelen zu retten und auf den rechten Pfad zurückzuführen. Boris blieb in der ganzen Zeit weiter Universitätsprofessor, forschte und lehrte, während Alexandra ein Kind nach dem anderen zur Welt brachte, so wurde berichtet. Ihre Glaubens- und Lebensenergien schienen unerschöpflich zu sein. Die großen Söhne waren inzwischen Jeschiwa-Studenten in Israel, die mittleren Kinder waren im Internat der jüdischen Schule in Straßburg geblieben, von ihnen hörte man ab und zu Neuigkeiten, wenn sie ihre Eltern besuchten. Aber nachdem sie die Schule beendet hatten, zogen sie zu ihren Brüdern nach Israel, und so brachen die Kontakte ab, man hörte nichts mehr von Boris und Alexandra, auch nicht über Dritte. Die Anekdoten über ihren kurzen Aufenthalt in der Stadt und ihr Durchstürmen aller heiligen Tore wurden oft erzählt und erschöpften sich mit der Zeit; inzwischen waren Leute hinzugezogen, die sie gar nicht mehr gekannt hatten, und man fing an, sie zu vergessen.

Viele Jahre später, in einem ganz anderen Viertel Straßburgs, in dem sonst kaum Juden leben, weit entfernt von unserer Straße des Anfangs, sah ich jedoch eines Tages Boris auf der Straße. Es war an einem der jüdischen Feiertage im Frühling, die endlos lang sind und an denen ich, wenn das Wetter schön ist, manchmal mit einer Freundin oder allein durch die Stadt flaniere, was ich sonst nie tue. Ich sah, wie Boris aus einem Geschäft heraustrat, in dem er offensichtlich gerade eingekauft hatte, was praktizierende Juden an einem Feiertag eigentlich nicht tun, und außer mehreren Beuteln in den Händen trug er ein großes Kreuz um den Hals, das ihm bis zum Bauch reichte. Ein Gesicht wie das von Boris vergißt man nicht, ich grüßte ihn, er grüßte nicht zurück. Ich dachte, vielleicht habe ich mich doch getäuscht, das große Kreuz ließ mich natürlich an seiner Identität zweifeln. Bald aber sickerte es durch, ja, Boris und Alexandra lebten jetzt wieder in der Stadt, sie seien zum Christentum übergetreten, hätten Erwekkungserlebnisse gehabt und Wallfahrten nach Lourdes und Santiago de Compostela unternommen, die jüngeren Kinder, die in Kanada geboren worden waren und die keiner kannte, würden in christlichen Internaten irgendwo in den Vogesen erzogen, und Alexandra sei sehr krank, sie habe Krebs. Bei keinem der alten Bekannten hatten sich Boris und Alexandra gemeldet, sie suchten ganz offensichtlich keine Begegnung mit ihrer früheren Gemeinde und wohnten ohnehin in einer ganz anderen Gegend der Stadt, die sie wohl bewußt in großem Abstand zu den jüdischen Vierteln gewählt hatten, so mußten sie niemand aus dem Weg gehen. Manchmal kamen jedoch die Söhne zu Besuch, die noch aus der jüdischen Epoche stammten, durch sie erfuhr man von Alexandras Krankheit und dem Glaubenswechsel. Die Söhne liefen jetzt, genau wie ihr Vater vor vielen Jahren, in schwarzen Hüten und schwarzen Anzügen herum, sie hatten seitdem in Israel in sehr orthodoxe Familien eingeheiratet und trafen nun hier auf ihre christlichen Brüder und Schwestern. Das muß eine merkwürdige christlich-jüdische Begegnung gewesen sein.

Als Alexandra schließlich starb, trauerten ihre Kinder, die christlichen und die jüdischen, gemeinsam um ihre Mutter. Auf dem Friedhof soll es zu einer häßlichen Szene gekommen sein, denn die Söhne aus Israel hatten ein Begräbnis auf dem jüdischen Friedhof durchgesetzt, mit dem Boris überhaupt nicht einverstanden war, er versuchte es zu verhindern, indem er laut protestierend Alexandras Taufzeugnis schwang, das Rabbiner natürlich als völlig irrelevant betrachten. Die Söhne sollen ihn, nicht gerade sanft, vom Friedhof gedrängt haben, wurde erzählt. Seitdem führe er einen Prozeß, um seine Frau auf einen russisch-orthodoxen Friedhof umbetten zulassen. Da er inzwischen emeritiert ist, hat er nun viel Zeit, um seine Sache durch Rechtsanwälte und Wallfahrten an heilige Orte zu befördern. Seine wissenschaftlichen Forschungen werden noch immer in der ganzen Welt veröffentlicht und beachtet, und er reise viel herum, um auf internationalen Kongressen Vorträge zu halten, wurde auch erzählt. Einer der zahlreichen jüdischen oder christlichen Söhne von Boris und Alexandra ist ein sehr bekannter Filmschauspieler in Frankreich geworden, das braucht nicht erzählt zu werden, das wissen alle, alle kennen ihn.

Wenn ich lange genug am Schreibtisch gesessen habe, gehe ich manchmal hinüber zu Murat, um in seiner *Brasserie de l'observatoire* am Ende der Nebenstraße, die zum Boulevard de la Marne führt, einen Kaffee zu trinken. Im Gegensatz zu unserem türkischen Kurden, dessen Laden am Anfang der Nebenstraße liegt, ist Murat ein Kurde aus dem Irak, und in seiner Brasserie gibt es Bier und Wein und jede Menge alkoholische Cocktails, über dem Eingang steht ganz groß »Bierstub« und der Name des Biers, das ausgeschenkt wird. Bei unserem Kurden gibt es dagegen keinen Alkohol, und alles, was dort verkauft wird, trägt den Hallal-Stempel, wie groß am Schaufenster angeschrieben ist. Bei Murat ist auch das Mittagsmenü, für 9 Euro, überhaupt nicht Hallal, und Murats Mutter bäckt Apfelkuchen nach elsässischem Rezept für das Dessert. Die Brasserie ist nämlich ein Familienunternehmen, seine Mutter und seine Schwestern arbeiten als Küchenchefin, als Geschäftsführerin und beim Servieren mit. Als Murat die Brasserie vor einigen Jahren übernahm, hat keine Bank ihm den Kredit geben wollen, den er dafür brauchte, aber schließlich hat er die fünfzigtausend Euro irgendwie anders zusammengeborgt. In seiner Brasserie gibt es außer einer großen schattigen Terrasse zum Boulevard hinaus natürlich auch Flipper, Jukebox, einen großen Fernseher für die Übertragung wichtiger Fußballspiele und Internetanschluß, und es treffen sich dort neben den vielen Völkern, dem »anderen Frankreich« und Handwerkern, die in dem Viertel zu tun haben, auch Studenten und Professoren vom nahe gelegenen Campus und der noch näher gelegenen Wiwifak, dazu Journalisten, Schriftsteller und Künstler aus dem Umkreis.

Ich setze mich meist zu Arthur, den man dort fast immer antreffen kann, er hat Murats *Brasserie de l'observatoire* zu seinem *Café Flore* erklärt, dort lebt er, dort arbeitet er, und dort kennt er alle, vom Klempner bis zum Schriftsteller. Manchmal stellt mir Arthur seine Bekannten vor, und die, die er nicht kennt, qualifiziert er als Touristen ab, die hier eigentlich nichts zu suchen haben. Unter denen, die er kennt, gibt es solche, mit denen er spricht, und solche, mit denen er nicht spricht, meistens schreibt er ja, auf Papier oder am Laptop. Arthur hat die Brasserie und ihren Besitzer auch schon auf seinem Blog, den er auf den digitalen Seiten des *Nouvel Observateur* führt, vorgestellt und für sie Werbung gemacht. Der Blog heißt »News vom Eurodistrict«, er gibt Nachrichten aus dem Dreiland zwischen Frankreich, Deutschland und der Schweiz und porträtiert Leute, die hier wichtig sind, wie unser Murat mit seiner Mutter und seinen Schwestern, mit Fotos natürlich.

Arthur ist ein Freund, den ich von dem älteren meiner Söhne geerbt habe, mit dem zusammen er vor vielen Jahren in einer Theatertruppe avantgardistische Stücke schrieb, oder, wie es damals hieß, entwickelte, probte und manchmal auch aufführte. In jenem Jahr arbeitete in der Stadt gerade Armand Gatti an einem Theaterprojekt, das natürlich kein klassisches Theaterstück, sondern eine Montage und Demontage, also eine Performance oder so etwas in der Art war, mit einer größeren Gruppe aller möglichen Leute, Studenten, Arbeiter, Außenseiter, Behinderte, mit denen er zuerst, immerhin achtzig Leute, monatelang auf einem Dorf lebte, dort entwickelten sie das Stück gemeinsam, nachdem Armand Gatti die Losung ausgegeben hatte: *Je les invite tous à être Dieu, et je pèse mes mots*, was soviel heißt wie: Ich lade alle ein, Gott zu sein, und ich wäge meine Worte. Das Stück wurde schließlich in einem leeren Eisenbahndepot präsentiert und war ein außerordentliches Ereignis in der Kulturszene der Stadt, an das wir uns manchmal gemeinsam erinnern, Arthur und ich.

Inzwischen ist mein Sohn gar nicht mehr sehr jung, Armand Gatti müßte schon bald hundert sein, und Arthur ist vor nicht allzu langer Zeit auch schon fünfzig geworden.

Armand Gatti hatte dem Stück den Titel »Wir haben die Kunst, um nicht an der Wahrheit zu sterben. Friedrich Nietzsche« gegeben, das könnte auch das Motto von Arthurs Leben sein. Die Kunst ist das einzige, was für ihn auf der Welt zählt, darunter besonders die Literatur, jedenfalls sprechen wir, immer durcheinander auf Deutsch und Französisch, nur über Kunst und vor allem über Literatur, und wenn wir uns verabreden, gibt er mir jedesmal Bücher mit, die ich lesen, oder sagt mir, welche Filme ich ansehen soll. Manchmal reden wir auch über Deutschland und Frankreich und stellen Vergleiche zwischen den Franzosen und den Deutschen an, und manchmal sprechen wir sogar über das Leben oder die Psychoanalyse, lassen uns aber gegenseitig im unklaren, ob wir darüber theoretisch oder aus Erfahrung sprechen. Straßburg ist eine Bastion der psychoanalytischen Lehre nach Lacan, in jeder Straße der Stadt gibt es mindestens zwei »Psy's«, wie sie hier genannt werden, nur in unserer Straße gibt es keinen, weder von der Lacanschen noch von irgendeiner anderen Schule.

In letzter Zeit hat Arthur allerdings von mehreren unangenehmen Vorkommnissen in seinem Leben berichtet. Nach einer kurzen Karriere am Theater und als freier Journalist, zum Beispiel für ein zweisprachiges deutsch-französisches Webjournal, das sich »3 Ufer« nannte und von den Städten Straßburg, Freiburg und Basel finanziell unterstützt wurde, aber schließlich wieder einging, weil es offensichtlich zuviel Rivalität zwischen den drei Ufern gab, hatte er sich bei einer Fachzeitschrift für Flußschiffahrt anstellen lassen und einmal im Jahr Schiffe die Donau hinab bis zum Schwarzen Meer oder die Maas hinauf zu ihrem Delta bei Rotterdam begleitet; darüber schrieb er dann Reportagen, die seinem Chef jedoch regelmäßig mißfielen, weil sie viel zu poetisch und zu wenig schiffahrtstechnisch geschrieben waren. Jetzt war er dort gekündigt worden, und fast gleichzeitig hat ihn seine Vermieterin aus der, wie ich fand, gar nicht so üblen Zweizimmerwohnung am nördlichen Ende unserer Straße, Nähe Wiwifak, hinausgeworfen, weil er schon länger keine Miete mehr gezahlt hatte, allerdings nur aus Protest gegen den desolaten Zustand der Wohnung, wie er mir erklärte, und weil ihn diese Vermieterin zudem noch dauernd belauere und ausspioniere. Nun ist er erst einmal in einem kleinem Häuschen von Freunden untergekommen, das zwar zwischen der Autobahn und den Gleisen des Hochgeschwindigkeitszuges liegt, aber dafür ein kleines Gärtchen hat, in dem er sitzen und lesen kann, das findet er vorläufig wundervoll, und auch daß es dort zwischen Gleisen und Autobahn keinen Internetanschluß gibt, stört ihn nicht, denn er kommt ja regelmäßig in Murats *Brasserie de l'observatoire*, um seine elektronische Korrespondenz zu erledigen und Leute zu treffen.

Durch Arthur habe ich Jean-Paul Klee kennengelernt, der die *Brasserie de l'observatoire* ebenfalls zu seinem *Flore* erklärt hat. Er ist Schriftsteller und eine Institution der regionalen Literatur, von manchen der »Allen Ginsberg vom Elsaß« genannt; vor kurzem wurde sein siebzigster Geburtstag mit Lesung, Musik und einer Ausstellung gefeiert, seitdem sieht man ihn bei Murat nun an seinen Memoiren arbeiten. Er schreibt Prosa und Gedichte, die ineinander übergehen, lang und klangvoll sind und zwischen den Sprachen Deutsch und Französisch schwingen, und wenn er seine Werke vorträgt, tut er das immer ganz überschwenglich und wirkt dabei sehr aufgeregt, es ist jedesmal eine richtige »Performance«, man vergißt seine Lesungen nicht so schnell:

Was für ein schwarze Loch?
Manchmal denken wier doch selbstverständlich
unweigerlich ein bißchen an den Tood … was wissen
wier denn schon mit unseren armen kleinen blinden
schielenden Augen … man hat noch nicht das Teleskop,

das Mikroskop entwickelt, das uns zeigen könnte, was da auf der anderen Seite ist ... ja welche neue Dimension, welcher neue Zustand der Materie und däs Körpers ... wir wissen davon ühberhaupt nichts, kein Jota ...

Unser Dichter schreibt aber nicht nur über die letzten Dinge, nein, ganz im Gegenteil, er gehört zu den engagierten Künstlern und hat in den letzten Jahrzehnten so manchen Kampf ausgefochten. Er war schon ein »Grüner«, bevor hier jemand je etwas von »Grünen« gehört hatte, und hat sich zu Aktionen hinreißen lassen, für die er dann teuer bezahlen mußte, mit ein paar Monaten im Gefängnis nämlich und der Entlassung aus dem Schuldienst, der ja sonst fast allen französischen Schriftstellern die Lebensgrundlage bietet. Ab und zu sieht er die Welt gerade wieder einmal untergehen, und überhaupt findet er, und verkündet es sehr laut, daß wir in der schlechtesten aller Zeiten seit dem Neandertaler leben, obwohl sein Vater im KZ Struthof umgebracht worden ist, also in einer wohl doch noch etwas schlechteren Epoche als heute, wie ich finde.

Man kann sich heftig mit ihm streiten, es fängt ganz harmlos mit einem Gespräch über das Wetter an, aber mir nichts, dir nichts findet man sich in einem wilden Streit wieder, natürlich über Politik. Deshalb ziehen wir uns in Murats Brasserie manchmal lieber zurück, Arthur und ich, rauchen an einem Nebentisch ganz ruhig unsere *clope*, was ein populärer Ausdruck unbekannter Herkunft für Zigarette ist, und geben zu, daß wir, gemessen an Jean-Paul Klee, verdammt konservative Ansichten haben.

Der Boulevard de la Marne, auf den die Terrasse von Murats *Brasserie de l'observatoire* geht, ist dienstags und samstags für den Verkehr gesperrt, dann sind dort in drei Reihen Marktstände aufgebaut, in denen Obst und Gemüse, Fleisch und Fisch, Milch, Joghurt und Käse, Blumen und Pflanzen, aber auch Haushaltswaren, Klamotten und Klimbim angeboten werden. Jeden Dienstag will ich immer nur schnell hinüber, um Gemüse und Obst zu kaufen, aber jedesmal verliere ich mindestens eine Stunde, weil ich dort Freundinnen und Bekannte treffe, darunter auch manchmal einen von den Herren Rabbinern der Stadt, die dort auch immer einkaufen, wenn sie zwischen einer Beschneidung und einer Beerdigung die Zeit dazu finden, während ihre Frauen auf Arbeit sind, und wir tauschen unsere Meinungen aus über die Frage, ob der Antisemitismus in Frankreich zunimmt und wenn ja, woran das liegt und was man dagegen tun kann oder tun muß, oder wir fragen uns, ob die Zwetschkenzeit schon angefangen hat und wie man diesen *potimarron*, eine kleinwüchsige Kürbisart, kocht.

Die vielen Völker, das »andere Frankreich« und die Verrückten aus unserer Straße laufen sich hier über den Weg, ein paar Polizisten machen sich wichtig, und sogar das »richtige Frankreich« kommt extra mit der Tram hergefahren, weil ein echter Markt doch etwas anderes ist als ein Supermarkt, besonders bei schönem Wetter, wenn man die Taschen zwischen den Ständen in der Sonne oder, wenn es heiß ist, im Schatten abstellen kann, um mit den zahlreichen Bekannten, die man trifft, Neuigkeiten aus dem Viertel, der Stadt und der Welt auszutauschen und zu kommentieren.

Man kann sogar noch Elsässisch sprechen hören, viele Stände auf dem Markt gehören Bauern aus den elsässischen Dörfern in der Umgebung der Stadt. Der beliebteste Stand, schon an der langen Schlange davor zu erkennen, ist der des Gehöfts Hufschmidt, das, mit der Zeit gehend, in den letzten Jahren immer mehr Produkte als »Bio« und »Natur« und natürlich auch als »regional« feilbietet; ein amtliches Zertifikat auf der Hinterwand des Standes verkündet, daß bei ihnen nur Marienkäfer und Kompost anstelle von Pestiziden eingesetzt werden. Drei Generationen bedienen an dem Stand und reden miteinander und mit manchen Käufern elsässisch, ich muß immer lachen, wenn ich es mit anhöre, denn halb verstehe ich, was sie sagen, und halb verstehe ich es überhaupt nicht.

An den Ständen von Arabern und Türken sieht man immer nur Männer, die Gemüse, Klamotten oder irgendwelchen Klimbim verkaufen. Seit einigen Jahren bieten sie mehr und mehr auch Frauenverhüllungen für Kopf und Körper an, die auf Plastikpuppen und Plastikköpfen vorgeführt werden. Nur als Puppen und Plastikköpfe sieht man Frauen an diesen Ständen. Bei den indischen Ständen, die es nun auch schon eine Weile gibt, verkaufen sowohl Männer als Frauen die exotischen Gewürze, blaue Bananen und andere Früchte, deren Namen ich nicht einmal kenne, außerdem Schmuck und Schminke, die ich mir ausgiebig ansehe.

Die zahlreiche jüdische Kundschaft kommt nur dienstags, und die Händler halten sich auf dem laufenden über die etwas andere Zeitrechnung der Juden und ihre Feiertage, um sich mit größeren Reserven von Meerrettich vor Pessach, Quark vor Schawuot und allgemein auf deutlich größere Quantitäten von Obst und Gemüse vor den hohen Feiertagen im Herbst einzudecken. Die Beziehungen sind jedoch nicht spannungsfrei und folgen den Schwankungen der weltpolitischen Ereignisse, besonders denen im israelisch-palästinensischen Konflikt, deren Nachbeben sich auf unserem Markt darin ausdrücken, daß arabische oder türkische Händler die jüdischen Käufer zwar nicht etwa nicht bedienen, es aber plötzlich ablehnen, ihnen nach Hause zu liefern, was sie bei entspannter Weltlage durchaus tun. Andererseits gibt es einen Stand, den Juden und Araber gemeinsam boykottieren, weil sein Inhaber, der auch noch Wagner heißt, als Front-National-Wähler bekannt geworden ist, wie erzählt wird.

Natürlich ist der Markt auch eine große Gerüchteküche, in der zischelndes Geflüster mit Phantasie und Verleumdung verkocht wird; Gerüchte nicht nur über politische Orientierungen, sondern ganz allgemein über ungewöhnliche Ereignisse, angebliche Bordelle, Geldwäsche, Rauschgifthandel, die sich in oder um unsere Straße herum in harmlosen Wohnungen abspielen sollen oder im Hinterzimmer des Restaurants »Tomate«, das tatsächlich auffällig oft den Besitzer wechselt. Der Mann, der seine Tage in unserer Straße über geöffneten Motorhauben verbringt, soll eine illegale Autowerkstatt betreiben, der Clochard, der zwischen den Ständen herumwankt, sei in Wirklichkeit der einzige Sohn eines hohen Generals, der nette Mann, der immer so freundlich grüßt, soll ein hoher Funktionär der PKK und ein anderer, der in seinem himmelblauen pyjamaähnlichen Gewand den ganzen Tag auf seinem Balkon verbringt, das Haupt einer Terrorzelle sein. Die vom fremden Stamm im Nebenhaus sollen Zigeuner sein, aber aus einer anderen Klasse als die armen, die betteln und einen an den Kleidern ziehen und ohnehin nur im Sommer da sind, weil sie im Winter in die südlichen Städte ziehen, Marseille, Montpellier und

Toulouse; nein, sagen andere, die aus dem Nebenhaus gehören einer Geheimorganisation an und dirigieren und kontrollieren üble Machenschaften in ganz Frankreich und auch Deutschland, deshalb haben sie sich so nah an der Grenze niedergelassen, manche haben ja sogar deutsche Nummernschilder an ihren großen Autos mit den getönten Scheiben.

Merkwürdigerweise jedoch waren über das chinesische Restaurant *Fleur de lotus* überhaupt keine Gerüchte im Umlauf, nach dem Mord in der Restaurantküche gab es nur Blumen und Kerzen und Schweigen.

In letzter Zeit sind auf dem Markt auch richtige, reine Bio-Stände aufgetaucht, vor denen ich oft »neue Väter« sehe. Neulich erst beobachtete ich zwei, im Alter meiner Söhne, jeder mit einem Kind, der eine hatte seines vor die Brust geschnallt, das des anderen saß im Kinderwagen, sie hatten ihre vollen Einkaufstaschen auf dem Boden abgestellt und tratschten über Einkauf, Küche und Kinder. Ich bin unauffällig neben ihnen stehengeblieben und habe sie belauscht und dabei gedacht, wie die Zeiten sich wandeln, so etwas sah und hörte man früher, als wir hier eingezogen sind, selten, junge Männer, die auf dem Markt Kochrezepte und Pflegetipps für Kleinkinder austauschen. Die waren damals vielleicht noch gar nicht geboren, die neuen Väter.

Es ist derselbe Markt und doch nicht derselbe.

Die Nachbarn aus dem Haus treffe ich auf dem Markt natürlich auch, und regelmäßig Frau Damiens, die dort an den Blumenständen mit den Blumenhändlern fachsimpelt und dann die eine oder andere Blume oder Pflanze wegträgt. Meistens kauft sie ihre Blumen und das ganze Zubehör für die Pflanzungen allerdings doch lieber in einem der vielen Garten-Center in der Umgebung der Stadt, wie sie mir erklärte. An ihrem Balkon, über uns im dritten Stock, hat sie über die ganze Breite acht Blumenkästen angebracht, in denen es zu jeder Jahreszeit grünt und blüht, und im Sommer hat sie noch eine gelb-weiße Markise darübergespannt und verbringt mit ihrem Mann dort die Ferien, denn in den Urlaub fahren sie nicht oder nicht mehr, seit sie Rentner sind, dabei wirken beide noch rüstig und pflegen ihre Erscheinung, Frau Damiens geht nie ohne Make-up, Wimperntusche, Wangenrot, Lidschatten und Lippenstift, immer perfekt frisiert und blondiert aus dem Haus. Früher war sie Buchhalterin in einer großen Firma, hat sie mir einmal erzählt, da mußte sie schon ein bißchen auf sich achten.

Unser Verhältnis hat sich entspannt, seit die Kinder aus dem Haus sind; solange sie noch da waren, gab es öfter Krach, denn Kinder mag sie im Gegensatz zu Tieren und Pflanzen nicht, sie hat selbst keine und wies uns und die Kinder dauernd wegen Lärm oder irgendwelcher Unordnung zurecht und sie war es auch, die auf dem Hof das gelbe Schild mit der Aufschrift *Il est interdit de jouer dans la cour* hatte anbringen lassen und darauf achtete, daß kein Kind dieses Spielverbot übertrat. Dafür kam sie im Gegensatz zu Nadja gut mit unserer Katze zurecht, ich brachte sie sogar manchmal hoch zu ihr, weil sie geradezu verliebt in die Katze schien, und nach Nadjas Tod und Hakims Auszug, und nachdem auch die Kinder ausgezogen waren, kam sie herunter, um die Katze in unserer Abwesenheit zu füttern und sich mit ihr zu unterhalten, denn sie meinte, die brauche doch nicht nur Futter, sondern auch Zuwendung. Ansonsten gibt sie in unserem Haus den Chef, kümmert sich um alles, mischt sich in alles ein und diskutiert mit den Nachbarn, die sich auch gerne kümmern und einmischen, über die Heizung, die Haustür, den Lift und nötige Renovierungen. Wir gehören natürlich nicht zu denen, die sich kümmern und einmischen, wir lassen alles geschehen, es ist uns völlig egal.

Eines Tages kam Frau Damiens von einem ihrer Ausflüge zum Garten-Center mit einem Blumenkasten voll Geranien als Geschenk und brachte ihn auch gleich auf unserem Balkon an, vor dem Fenster, hinter dem mein Schreibtisch steht, dort, wo einst der fliegende Baum gelandet war. »So sieht es doch viel schöner aus!«, meinte sie. Nach meiner Meinung fragte sie nicht, ermahnte mich aber zum regelmäßigen Gießen. Von da an topfte sie mir zu Beginn jeder neuen Saison wieder alles um, sie klingelte, stand mit ihren Gerätschaften und neuen Pflanzen vor der Tür, stürmte durch mein Arbeitszimmer auf den Balkon, gab sich dort dem Gartenbau hin und wies mich nebenbei zum Wegräumen und Wegfegen an. Und obwohl ich niemals in meinem Leben selbst auf die Idee gekommen wäre, Blumen vor meinem Fenster zu züchten, redete ich mir ein, daß es so schlimm ja auch wieder nicht sei, und überraschte mich sogar dabei, vom Schreibtisch aufzustehen, um nach den Blümchen zu sehen und ein bißchen an ihnen herumzuzupfen.

Irgendwann aber fühlte sich Frau Damiens offenbar nicht mehr verantwortlich für meinen Blumenkasten, vielleicht war es ihr zu anstrengend oder sie meinte, ich könnte mich nun selbst darum kümmern, und da der alberne Blumenkasten nun schon einmal am Balkongitter hing, bin ich auf den Markt gegangen, habe selbst Blumen gekauft und sie mit Hilfe der alten Buddelschippe, die ich neben dem verrosteten Russenlaster auf dem Balkon fand, eingepflanzt. Ich hatte gelb-goldrot gestreifte Blumen ausgesucht, die sich, wie ich erst später bemerkte, morgens mit dem Licht öffnen und am Abend wieder schließen, ich konnte ihnen dabei zusehen, wie sie sich öffneten und schlossen – oh Wunder der Natur für eine Stadtmenschin, wie ich eine bin. Den Namen der Blumen habe ich mir nicht gemerkt, und als ich ihn später bei dem Blumenhändler auf dem Markt noch einmal erfragen wollte, war der plötzlich nicht mehr da, und die anderen Blumenhändler verkaufen ganz andere Blumen. So habe ich den Namen der gelb-gold-rot gestreiften Blumen nie erfahren.

Auf den Boden des Balkons habe ich noch einen Topf mit einer Orchidee gestellt, die man mir einmal geschenkt hat, als sie blühte; dann aber verblühte sie, und ich habe sie nicht weiter beachtet, nur alle paar Wochen ein bißchen gegossen, wenn ich einmal an dem Topf vorbeikam. Doch plötzlich, als ich sie überhaupt nicht mehr beachtete und schon fast wegschmeißen wollte, fing sie wieder zu blühen an und blühte und blühte wie verrückt und hörte gar nicht mehr auf zu blühen, trieb so viele Blüten, daß sie sich sozusagen kaum noch auf den Beinen halten konnte, und ich habe ihr deshalb einen Stab als Stütze dazugesteckt. Seitdem wiederholt sich das so mehrmals im Jahr, die Orchidee welkt, vermickert, geht so gut wie ein, scheint kurz vor dem Ableben, hat kaum noch Blätter, krümmt sich und pfeift auf dem letzten Loch, bis sie sich eines

Tages wieder aufrichtet, völlig unerwartet wieder anfängt zu blühen und unter ihren Blüten fast zusammenbricht, so daß ich sie unterstützen muß.

Beim Anblick der Blumen denke ich immer an meine Mutter. Sie hatte hinter dem Haus, in dem wir in meiner Kindheit in Berlin wohnten, einen kleinen Garten angelegt oder einfach vom Vormieter übernommen und pflanzte und pflegte dort immer eine kleine Kultur von Blumen, Astern im Herbst und Tulpen im Frühling, und obwohl sie eigentlich alles, nur keine Naturliebhaberin war, wies sie mich im Frühjahr, wenn wir mit unserem Hund spazierengingen, jedesmal darauf hin, »sieh mal, immer blühen die Blumen schon, bevor die Bäume wieder grün werden.« Was wahrscheinlich keine besondere botanische Weisheit ist, und doch denke ich in jedem Frühjahr daran, wenn ich zum Beispiel am Botanischen Garten vorbeigehe, der nicht weit von unserer Straße liegt, und die Beobachtung meiner Mutter bestätigt sehe. Meine Mutter hatte sich im übrigen immer gewünscht, daß wir in dieser Straße, der Rue de l'Observatoire, wohnten, am besten in einer höheren Etage, mit Blick über den Botanischen Garten und über die Stadt bis zur Kathedrale hin, auch daran muß ich jedesmal denken, wenn ich durch die Rue de l'Observatoire gehe, daß wir eben aus unserer Straße des Anfangs nie hinausgekommen sind.

Bei Spaziergängen im späten Sommer hingegen sagte sie immer, »sieh mal, die Astern blühen, jetzt fängt der Herbst an«; jedesmal sagte sie es so, als sei das eine völlig unerwartete Entdeckung, und ich hatte manchmal den Eindruck, als wäre noch eine wichtige andere Mitteilung daran geknüpft, aber ich habe nie herausgefunden, welche. Unser Leben in der Stadt war doch nicht wirklich vom Wechsel der Jahreszeiten geprägt, wenn man einmal vom Einmotten der wollenen Wintersachen und dem Einschnitt der Sommerferien absieht, in denen meine Mutter die Rolläden vor den Fenstern herunterließ und den ganzen Tag über fest geschlossen hielt, als lebten wir im tiefsten Süden, solange wir noch nicht nach Ungarn abgereist waren; dorthin fuhren wir jedes Jahr, und da war es dann oft wirklich heiß, und wir gingen jeden Tag ins Margaretenbad schwimmen, wenn wir uns nicht in ein Haus am Balaton einmieteten, meine Mutter mit ihren Freunden und deren Kindern, die auch meine Freunde waren.

Auf dem Boden unseres Balkons sammeln sich zum Ende der jeweiligen Saison nicht nur die Blütenblätter meines einzigen Blumenkastens, sondern auch viele aus Frau Damiens acht Blumenkästen über uns, sie wehen herunter, so daß sich am Ende eine Art bunter Blütenteppich vor meinem Fenster ausbreitet, den ich sehr schön finde. Als Peter ihn einmal einfach wegfegte, habe ich ihm eine Szene gemacht, obwohl ich sonst selten Szenen mache, nur immer dann, wenn er etwas in seinen Augen Unbrauchbares und Unnötiges wegwerfen, wegfegen oder ausrangieren will, wie zum Beispiel auch den »Julius Meinl«-Einkaufsbeutel, der zwar tatsächlich schon sehr alt, fleckig und unansehnlich geworden ist und den Zenit seines Lebens längst überschritten hat, aber er ist nun einmal meine letzte physische Verbindung zu Wien, der Stadt, in der meine Mutter, auch wenn ihre Muttersprache Ungarisch war, geboren und in der sie gestorben ist. Der Meinl-Beutel ist eine Art Fetisch, der die Rolle dieser Stadt in meinem Leben repräsentiert, und Peter muß das verstehen, er darf nicht auf meinen Gefühlen herumtrampeln und niemals etwas wegwerfen, wegfegen oder ausrangieren, ohne mich zu fragen, und zwar um so weniger, je älter, unansehnlicher, nutzloser und überflüssiger dieser Gegenstand ist, so wie der Blütenteppich auf dem Boden des Balkons vor dem Fenster, hinter dem mein Schreibtisch steht.

Hin und wieder sehe ich, wenn ich auf unserem Balkon stehe, an meinen Blümchen zupfe oder nur so herumgucke, auch Raw Jechiel durch die Straße fliegen, und zwar im Rollstuhl, jedenfalls sieht es so aus, wenn ihn sein Sohn rennend im Rollstuhl schiebt, so daß ihrer beiden Bärte und Rockschöße nur so fliegen, denn sie sind orthodoxe Juden und in schwarze Anzüge gekleidet, Raw Jechiel trägt sogar eine Art Kaftan, setzt dazu aber, wahrscheinlich um weniger aufzufallen, auch hin und wieder eine knallbunte Baseballmütze statt des schwarzen Hutes auf. So fliegt er durch die Straßen der Stadt, aus irgendeinem Grunde hat er es immer sehr eilig, er oder sein Sohn, man sieht die beiden immer in »jüdischer Hast«.

Raw Jechiel und seine Frau Lotte sind vor vielen Jahren aus Israel nach Straßburg gezogen, weil sie die Jeschiwa-Welt dort mit ihrer Hierarchie, in der sie selbst weit oben plaziert waren, satt hatten und sich in der informelleren Atmosphäre hier wohler fühlen, sie kamen sozusagen als Aussteiger. Raw Jechiel setzte sich in die *Yechiva des étudiants* unter die damals jungen Leute, er lernte, aber lehrte nicht, ließ sich jedoch über alle auftauchenden talmudischen Probleme physischer und metaphysischer Natur zu Rate ziehen, und seine Meinung galt den damals jungen Leuten viel und wurde beachtet und bedacht.

Ansonsten waren sie einfach da, irgendwann gehörten sie dazu und nehmen seither an allen Festen, Feiern und sonstigen Veranstaltungen teil. Wenn wir uns bei einer solchen Gelegenheit treffen, spricht Lotte mit uns deutsch, denn sie stammt aus Frankfurt und ist immer froh, wenn sie mit jemandem deutsch reden kann, und Raw Jechiel spricht jiddisch, das ist seine Muttersprache, er stammt aus Kowno, und wenn er sich Mühe gibt, klingt das Jiddisch wie Deutsch und wir können uns unterhalten. Französisch sprechen sie beide nicht, sie verständigen sich meist auf hebräisch mit denen, die diese Sprache beherrschen, oder versuchen es mit Englisch. Obwohl sie zu denen gehören, die man ihrer religiösen Orientierung nach »ultraorthodox« nennt, hatte Raw Jechiel nie ein Problem, sich stundenlang mit mir zu unterhalten; schon manches Mal standen wir als einziges sozusagen gemischtes Paar zusammen und plauderten, während sich die Veranstaltung meist wie von selbst in eine Frauen- und eine Männergruppe teilt, er hat aber diese Bigotterien offenbar längst hinter sich gelassen.

Raw Jechiel und Lotte stammen beide aus altehrwürdigen Rabbinerdynastien in Litauen und Deutschland, beide haben ihre Heimatländer natürlich nicht freiwillig verlassen, sondern nachdem sie für sie unbewohnbar geworden waren, sich ins damalige Palästina geflüchtet; dort sind sie sich über den Weg gelaufen, Raw Jechiel studierte in der Jeschiwa, die von Lottes Vater geleitet wurde. Als zwölfjähriger Junge war er aus dem Ghetto von Kowno geflüchtet und von einem litauischen Bauern versteckt worden, der extra in ein anderes Dorf zog, weil er außerdem noch ein anderes kleines jüdisches Mädchen versteckt hatte und natürlich befürchtete, daß die Leute sich in seinem Dorf fragen würden, woher plötzlich die beiden Kinder kämen. Der Bauer hat das kleine Mädchen und Jechiel bis zur Befreiung bei sich behalten und beschützt, danach sind beide über viele Umwege nach Palästina ausgewandert. Mit dem Bauern, einem Gerechten unter den Völkern, hat Raw Jechiel später wieder Kontakt aufgenommen und ihm, und später seinem Sohn, jeden Monat einen Teil seines Gehalts als Jeschiwa-Lehrer zukommen lassen, oft unter abenteuerlichen Umständen, solange Litauen noch eine Volksrepublik der Sowjetunion war.

Auch Lotte kann von Hilfe, wenn auch weniger heroischer Art, berichten. Ihr Vater, damals Dayan, eine hohe rabbinische Autorität in Frankfurt und selbstverständlich Herr Doktor, ließ sich am Tag nach der Kristallnacht von seiner Frau überreden, endlich sein geliebtes Deutschland zu verlassen, stante pede, und nicht etwa noch einer Vorladung bei der Gestapo um 13 Uhr Folge zu leisten. Stattdessen hatte seine Frau schon ein Taxi bestellt, das die Familie zum Bahnhof bringen sollte, die Kinder, die Oma, den Vater, der sich am Boden des Wagens versteckte, weil er als orthodoxer Jude leicht zu erkennen war. Doch dann wurden sie von einem SA-Mann oder einem anderen Nazi-Bonzen mit Rangabzeichen angehalten, so erzählte es Lotte, und auf seine Frage, wohin sie denn wollten, habe die Mutter gesagt, »aus der Stadt raus, hier ist es jetzt so unruhig.« Woraufhin der Nazi-Bonze erklärte, »ich komme mit, dann kommt ihr besser durch«, und in das Taxi sprang. »Wo ist denn eigentlich der Vater«, habe er noch gefragt, und ihn, als er darauf keine Antwort bekam, einfach »übersehen«, wie er da am Boden kauerte. So verschaffte er der Familie freies Geleit bis zum Bahnhof, so die Überlieferung laut Lotte, »ich hatte ein blaues Kleidchen an«, erinnert sie sich noch heute. Von Frankfurt nahmen sie den ersten Zug nach Paris, fuhren dann weiter nach Marseille und erwischten dort noch ein Schiff nach Palästina. Sie hatten also noch Glück gehabt, denn andere von Jechiels Kollegen waren nach der Kristallnacht verhaftet und in verschiedene Konzentrationslager geschleppt worden, wie der Rabbiner Kunstadt aus Fulda, der erst nach seiner Entlassung aus

Buchenwald nach Palästina kam. Mit ihm zusammen gründete Lottes Vater dann in Jerusalem die Jeschiwa »Kol Tora«, also »Stimme der Tora«. Noch heute gilt sie als eine Elite-Jeschiwa, sozusagen als das Harvard der religiösen jüdischen Studienwelt, auch wenn sie von manchen Juden nichtdeutscher Herkunft am Anfang als »Jeschiwa Kultura« apostrophiert und belächelt wurde, weil die frisch aus Deutschland geflohenen Juden eben die letzten waren, die noch weiter an irgendeine »Kultur« glaubten, GoetheSchillerKantBeethoven und so fort. Es war die erste Jeschiwa, die statt des traditionellen Jiddisch Hebräisch als Unterrichtssprache einführte. Aber zu Hause bei Lotte wurde natürlich deutsch gesprochen. Es war meine Muttersprache, es ist meine Muttersprache, eine andere habe ich nicht, sagte sie mir einmal, als ich sie im Auto zum Einkaufen hinüber nach Kehl mitnahm, wo alles billiger sein soll. Und als wir auf der Brücke über den Rhein das Schild »Bundesrepublik Deutschland« passierten, die Landesgrenze verläuft offenbar mitten im Fluß, fügte Lotte mit einem großen Seufzer noch hinzu, »ach, hier fühle ich mich zu Hause, hier spricht man meine Sprache!« Dabei hatten wir noch keinen Fuß auf deutschen Boden gesetzt und mit niemandem gesprochen, und die Leute, sowohl auf der einen als auf der anderen Seite des Rheins, sehen Lotte meist sogar etwas befremdet an, mit ihrer immer ein bißchen schief sitzenden Perücke, auf die sie meist noch einen Hut quetscht, und in Kleidern und Schuhen, bei denen man sich fragt, wo und wann die wohl einmal in Mode gewesen sein könnten. Aber wie die Leute sie ansehen, ist Lotte völlig egal, das bemerkt sie gar nicht.

Manchmal ruft sie mich an oder kommt einfach vorbei, klingelt und fragt, kann ich hochkommen, und schon steht sie vor der Tür, bringt Kuchen mit oder ein Buch oder beides, und seit einiger Zeit trippelt sie vor der Tür, wie Jogger an der Ampel, und fragt, ob ich mit ihr laufen komme; der Arzt hat ihr wegen Arterienverengung verordnet, jeden Tag zwei Stunden zu laufen, dafür hat sie sich richtige Sport-Laufschuhe von der Marke *Fit for Fun* gekauft.

Manchmal begleite ich sie beim Laufen, dabei erzählt sie mir Episoden aus ihrem Leben und von Israel, wie es am Anfang war, zum Beispiel wie sie nach der Staatsgründung von Haus zu Haus gingen und die neuen israelischen Pässe verteilten. Da sie ja ihre deutsche Abstammung eindeutig nachweisen konnte, bekam sie von der späteren Bundesrepublik auch noch einen deutschen Paß, den sie eigentlich gar nicht haben wollte, aber Raw Jechiel, der schon ihr Mann war, hatte ihr zugeredet, ihn anzunehmen, wer weiß, wozu er noch einmal nützen könnte, und er hat sich später auch darum gekümmert, daß alle ihre acht Kinder diese Pässe erhielten. »Ich wollte das gar nicht, er wollte es«, hat sie mir gesagt, »ich hab die grünen Dinger den Kindern zum Spielen gegeben.«

Die Kinder leben jetzt über die ganze Welt verstreut, in Los Angeles, in Lakewood, in Manchester, in Paris und in Israel, der Sohn, den ich mit ihm im Rollstuhl durch die Straßen rasen sehe, möchte mit seiner Familie jetzt auch lieber nach Israel zurückkehren, denn in Frankreich gefällt es ihm nicht mehr. So leben die alten Eltern jetzt hier ziemlich allein. Lotte sagte mir neulich, daß Raw Jechiel, seit er nicht mehr laufen kann und alle möglichen Organe krank sind, von seinen Erinnerungen gequält wird, die er jahrzehntelang verdrängt hatte. Jetzt holen sie ihn ein, Erinnerungen ans Ghetto und das Versteckleben; er spreche fast gar nicht mehr und weine viel, manchmal schreie er. Schließlich gibt es jetzt wieder einen neuen, mehr oder weniger offenen europäischen Antisemitismus und einen ganz offenen Haß auf Israel, das mache ihm große Angst. Er sagt, er will weg, auch ihre Kinder in den verschiedenen Ländern sollen weg, er ist in Panik, erzählt Lotte.

»Aber weg«, fragt sie mich, »wohin denn?« Dann erklärt sie mir, wie man Quittenkompott kocht.

Nachdem unser ganzes Viertel mehr und mehr zum sogenannten zweiten Ghetto geworden ist, viele junge jüdische Familien hierhergezogen sind und sich in einer nahen Straße das Bet- und Lehrhaus »Schearim« eingerichtet hat, bei dessen Einweihung der sehr um religiösen Frieden bemühte Bezirksbürgermeister sogar eine kleine Rede hielt, fand Peter, nun sei die Zeit gekommen, eine Sukke, also eine Laubhütte, auf unserem Hof aufzustellen, anstatt jedes Jahr während der acht Tage, die das Laubhüttenfest dauert, mit Tüten und Taschen voller Töpfe und Schüsseln mit vorbereiteten Speisen durch die Straßen zu ziehen, um in Gemeinde-Laubhütten zu essen, oder dauernd an anderer Leute Tischen eingeladen zu sein, die ohne weiteres auf ihren Höfen oder Balkonen Laubhütten bauen dürfen. Wir würden unsere Laubhütte natürlich klein und unauffällig in eine hintere Ecke des Hofes, neben den Fahrradständern, aufstellen, damit die Nachbarn keinen Anstoß nähmen, schlug Peter vor. Ich habe aus Angst vor Konfrontation mit den Nachbarn, aus angeborener oder anerzogener Konfliktscheu, also aus Feigheit, nicht wirklich an sein Projekt geglaubt und es nicht wirksam unterstützt, aber mich auch nicht widersetzt.

Das erste Laubhüttenfest, das wir vor dreißig Jahren in Straßburg feierten, war mir nämlich noch in unangenehmer Erinnerung. Damals hatten die Nachbarn faule Tomaten und andere Abfälle von den oberen Etagen auf das ja vorgeschrieben durchlässige Dach der Laubhütte geworfen, in der wir gerade saßen und aßen, in einem Hof, der von großbürgerlichen Wohnungen eines Gründerzeit-Ensembles umgeben war, in der Nähe des Europa Parlaments, also in einem der wirklich »besseren Viertel« gelegen. Unser Gastgeber damals war der Besitzer der größten und alteingesessenen koscheren Fleischerei in Straßburg, also war es vielleicht die Symbolfigur, der die faulen Tomaten galten, deren Aufprall in dem Resonanzraum des Hofes laut widerhallte und uns alle erschreckte. In der Sukke hatten sich vor allem Leute der damals noch immer vornehmlich deutschsprachigen Gemeinde »Etz Chaim« versammelt, die uns anfangs, als wir die französische Sprache gerade erst erlernten, oft einluden.

In New York dagegen gab es damals schon eine ganze Sukka-City auf dem Union Square, wie ich in der Zeitung gelesen hatte. Junge Architekten hatten dort nach der Ausschreibung eines Wettbewerbs Laubhütten in allen nur erdenklichen Materialien und Formen errichtet, die während der ganzen Dauer des siebentägigen, in der Diaspora auf acht Tage verlängerten Festes dort stehenblieben, nicht nur zum Ansehen, sondern auch um in ihnen zu sitzen und die festlichen Mahlzeiten darin einzunehmen.

Hier in Straßburg geschieht das alles viel diskreter, aber natürlich sieht man unmittelbar nach Jom Kippur, das dem Laubhüttenfest um vier Tage vorangeht, da und dort auf Balkonen und Höfen Laubhütten sozusagen aus dem Boden schießen, außerdem stellen die jüdische Gemeinde und alle die recht zahlreichen Synagogen und sonstigen informellen Lern- und Bet-Orte Sukken auf, zu denen man dann mit seiner vorbereiteten Mahlzeit ziehen kann. Man trifft dort auf andere Familien, mit denen man sich die Tische teilt und zusammen oder nacheinander ißt, man packt ein und aus, während die Kinder spielen und sich zur Ruhe ermahnen lassen müssen, es geht also so ähnlich zu wie auf einem Campingplatz, und wir haben es jahrelang so gehalten.

Peter aber war fest überzeugt, daß es nun an der Zeit sei, uns eine eigene Laubhütte zu errichten. Er ist in unserem Häuserblock von Tür zu Tür gezogen und hat allen Nachbarn das Projekt der Laubhütte lang und breit erklärt, versicherte ihnen, daß wir weder Krach machen noch Dreck hinterlassen werden und das Ganze auch nur acht Tage dauere, und bat sie um ihre Zustimmung. Am Ende hatte er 29 Unterschriften, mit denen die Nachbarn ihr Einverständnis erklärten, aus immerhin fünf Aufgängen des Blocks, die sich das Hofgeviert teilen, auf dem die Mülltonnen stehen, einige Garagen und immer mehr Fahrräder. Die meisten Nachbarn hätten gar kein Problem gesehen, erzählte Peter danach, manche sogar begeistert, andere wohlwollend und einige reserviert zugestimmt; einer allerdings, ein emeritierter Professor, habe geglaubt, ihn in eine Religionsdisputation hineinziehen zu müssen – die Juden sollten doch nicht an solchen Äußerlichkeiten kleben und sich an mittelalterliche Vorschriften klammern, sondern sich endlich der Moderne anpassen. Peter hat ihm erklärt, daß diese Vorschriften keineswegs mittelalterlich seien, sondern aus der Zeit der Antike stammen, als die Juden auch schon mitten unter damals hochmodernen Völkern und Kulturen lebten, die allerdings seitdem lange untergegangen sind, und das mit den Äußerlichkeiten sei auch eine ganz olle Kamelle, mit der uns Paulus schon vergeblich gekommen sei, und hat ihm ansonsten einen schönen Tag gewünscht.

Anschließend zog Peter in die bürokratische Schlacht und schickte der Hausverwaltung einen Brief mit der Bitte, über die Genehmigung zum provisorischen Aufstellen einer Laubhütte auf dem Hof in der Hauptversammlung der Wohnungseigentümer abzustimmen, denn er hatte sich, Jecke, der er nun einmal ist, vorgenommen, den legalen Weg zu gehen. Dann folgte ein kürzerer Krieg um Formalitäten, in den wir sogar einen Rechtsanwalt, natürlich eine Freundin, einschalteten, dem ein Hin und Her von Briefen, Verwarnungen und Zurechtweisungen folgte, und endlich entschied die Hausverwaltung, daß unser Projekt Laubhütte der Hausordnung und irgendwelchen Gesetzen zuwider sei, knüpfte daran aber nicht etwa ein Verbot, sondern setzte das Thema einfach nicht auf die Tagesordnung, um es abstimmen zu lassen. Da also weder eine Erlaubnis noch ein Verbot ausgesprochen worden war, legten wir die undefinierte Rechtslage zu unseren Gunsten aus, nach dem Prinzip, alles was nicht ausdrücklich verboten ist, ist erlaubt, und bestellten uns per Internet beim amerikanischen Sukka Depot Center eine Laubhütte, die prompt mit allem, was dazugehört, geliefert wurde, den rabbinischen Vorschriften und Abmessungen entsprechend, nicht kleiner und nicht größer, intelligent in einem *Kit* zusammengelegt, so daß man sie übers Jahr auch bequem im Keller lagern kann. Die Materialien für die Laubhütte haben sich parallel zu den allgemeinen Camping-, Wander-, Kletter-, Trekking- und sonstigen Outdoor-Ausrüstungen entwickelt, sind leicht, gleichzeitig solide, wasserabweisend, trocknen schnell, und man benötigt zu ihrem Aufbau überhaupt kein Werkzeug, sondern steckt einfach alles ineinander.

Zu dem *Kit* gehört auch das *S'chach*, das Dach, unseres ist aus Bambus, manche legen einfach Zweige über die Stellwände, jedenfalls muß das Dach nach den Regeln so beschaffen sein, daß es nicht wirklich fest, sondern durchlässig für Licht, Sonne, aber auch Wind und Regen ist und man hindurchsehen kann; so soll es uns daran erinnern, wie unbehaust und ungeschützt wir auf dieser Welt wohnen und wie löchrig unsere Leben sind. Da das Fest immer auf den 15. des Monats fällt, kann man, wenn er wolkenlos ist, an dem bestirnten Himmel aber auch den fernen, vollen, glänzenden Mond bewundern.

Am Schabbes, der notwendigerweise in das Laubhüttenfest fällt, wird der Prediger Salomon gelesen: »Eitelkeit der Eitelkeiten, Nichtigkeit der Nichtigkeiten ... Es ist eine Zeit zu suchen und es ist eine Zeit zu verlieren, es ist eine Zeit zu bewahren und es ist eine Zeit wegzuwerfen.« Daran sollen die Juden wohl gemahnt werden, wenn sie in der provisorischen, instabilen und zugigen Hütte sitzen, an die Zerbrechlichkeit und Unsicherheit ihrer Existenz, die sie durch Zähigkeit und Anpassungsfähigkeit kompensieren müssen, wie damals, nach dem Auszug aus Ägypten, als sie in Hütten in der Wüste wohnten, diesem leeren, unbestimmten Ort, wo die neuerworbene Freiheit hauptsächlich darin bestand, daß keiner wußte, wohin jetzt, was tun und wie es weitergehen wird.

So steht nun seit einigen Jahren für etwa eine Woche im Herbst unsere Sukke unauffällig, aber nicht zu übersehen, in einer Ecke des Hofes neben den Fahrrädern. Zwei Fenster hat die Hütte auch, und wir lassen sie immer offen, damit die Leute hineingucken und uns beobachten können und sehen, daß wir dort nicht etwa Christenkinder schlachten oder sonst etwas Unanständiges tun. Außerdem haben wir noch einen Zettel angebracht, von einer Plastikfolie geschützt, falls es einmal regnet, auf dem in großer Schrift steht: »Liebe Nachbarn, diese kleine Konstruktion ist nur provisorisch und dient als Hütte zum jüdischen Laubhüttenfest, das dieses Jahr am … endet. Falls Sie Fragen haben oder etwas bemerken wollen, klingeln Sie bitte bei Honigmann. Vielen Dank für Ihr Verständnis.«

Acht Tage lang ziehen wir dann mindestens zweimal am Tag mit Essen und Trinken, Töpfen, Tellern und Gläsern aus unserer Wohnung in der zweiten Etage auf den Hof um. Manchmal frieren wir ein bißchen und müssen uns dicke Socken und einen Mantel anziehen, denn es ist ja schon Herbst, wir leben in einem nördlichen Land des Exils und sitzen auch ziemlich eng, nicht sehr bequem, ein bißchen wie echte Nomaden.

Zwischenfälle hat es bis jetzt nur einen gegeben, als Studenten in einer Nachbarwohnung laut feierten und gegen Mitternacht Flaschen und brennende Zigarettenkippen aus dem Fenster warfen, einige fielen auf die Sukke, das Dach aus Bambus aber hielt stand, da Bambus zwar brennt, aber schwer zu entflammen ist. Andere Nachbarn hatten schon wegen des Krachs die Polizei gerufen, und die Party wurde von den Ordnungshütern beendet.

Wenn die acht Tage des Laubhüttenfestes zu Ende sind und damit die ganze jüdische Festsaison, die ja schon drei Wochen vorher mit Rosch ha Schana beginnt – manche nennen diese Flut von Feiertagen den »Tunnel« –, dann taucht man ein bißchen an Ort und Zeit irritiert wieder auf und fühlt sich wie im Jetlag nach einem Transatlantikflug. Nun werden die Erlebnisse ausgetauscht, die man mit freundlichen oder unfreundlichen Nachbarn gehabt hat; die größten Konflikte gibt es, außer mit eingefleischten Antisemiten, mit antireligiösen Juden, die gar nicht einsehen, warum die Stadt solche religiösen Praktiken toleriert, und die Polizei rufen, damit sie die republikanisch-laizistische Ordnung, so wie sie sie verstehen, durchsetzt, manchmal halsen sie ihren Nachbarn und Mitjuden sogar Prozesse auf. Von allen Anekdoten, die von den Erlebnissen während der Hüttenzeit erzählt werden, ist die beliebteste immer die von den Polizisten, die herbeigerufen werden und tatsächlich eine Verwarnung aussprechen, verbunden mit der Auflage, daß diese Konstruktion, diese Hütte, zu verschwinden habe, und zwar innerhalb einer Frist von acht Tagen, was bei allen Anhängern des achttägigen Festes jedesmal große Heiterkeit und schallendes Gelächter hervorruft.

Inzwischen lebe ich schon so lange in der Straße des Anfangs, daß mir der Anblick vieler Gesichter, aus den Häusern gegenüber, aus den Häusern nebenan, Gesichter der vielen Völker und des »anderen Frankreichs«, vertraut geworden sind. Die Mannfrau mit dem dreibeinigen Hund oder der Araber mit seinem Mops, der so dick ist, daß er kaum laufen kann, während sein Herrchen ein so schöner, schlanker, hochgewachsener Mann ist, mit einem in all den Jahren weiß gewordenen Schnurrbart. Oder die Lesende, die jeden Morgen, wenn ich meine Baguette hole, meinen Weg kreuzt und selbst bei Regen und Schnee ein Buch vor sich her trägt, in dem viele Lesezeichen stecken und in dem sie laufend liest. Viele gibt es, die ich grüße und von denen ich gegrüßt werde, ohne daß ich je mit ihnen gesprochen oder ihren Namen erfahren hätte.

Jahre sind vergangen, wir sind hier zusammen älter geworden, und vielleicht gerade, weil wir uns überhaupt nicht näher kennen, nehmen wir die Veränderungen aneinander stärker wahr; die Haare sind grau geworden oder gefärbt, der Gang hat sich verlangsamt, und die Kinder von einst, die längst an anderen Orten leben, kommen uns nun mit ihren eigenen Kindern besuchen. Manche Gesichter jedoch sind verschwunden, an irgendeinem Moment ist mir aufgefallen, daß ich die oder jene Person sehr lange nicht, eigentlich gar nicht mehr gesehen habe, daß sie verschwunden ist, vielleicht gestorben, vielleicht weggezogen, und ich weiß nicht, ob ich sie an einem anderen Ort, in einer anderen Straße als der unsrigen, zu deren Bild sie gehörte, überhaupt wiedererkennen würde. Manchmal glaube ich noch immer, Nadja zu sehen, wie sie etwa vor mir aus der Tram steigt, obwohl die Tram erst nach ihrem Tod eingeweiht worden ist, »beziehungsweise« ich sehe sie mir sogar entgegenkommen, mit einer Einkaufstüte, vom Kurden.

Sie ist nicht die einzige, die schon gestorben ist, von all den Leuten, die wir hier kannten.

Wenn ich in mein Adreßbuch sehe – wie viele Telefonnummern von Toten finden sich da bereits, aber auch solche von erloschenen Beziehungen, Namen von Leuten, die ich nicht mehr anrufe und die mich nicht mehr anrufen, ohne daß es eine wirkliche Entzweiung gegeben hätte, nur eben eine Entfernung, ein Verblassen, bis ich mich manchmal nicht einmal mehr an das Gesicht erinnern kann, das zu dem Namen gehört.

Wir haben in all den Jahren, in denen wir hier nun schon leben, viele Bekanntschaften geknüpft und Freundschaften geschlossen, die nicht immer gehalten haben, einige sind wieder auseinandergegangen, haben sich abgekühlt, ohne daß es je eine Hitze der Begegnung gegeben hätte, einfach aus mangelndem Begehren nacheinander, und wenn ich ihnen dennoch nachtrauere, weiß ich nicht genau, ob die Trauer dem Verlust dieser Menschen oder dem Verlust des Begehrens gilt. Irgendwann hatten sich Leere und Langeweile in die Freundschaft oder die Bekanntschaft eingenistet, und obwohl wir uns eine Zeitlang gegenseitig besucht, vielleicht sogar Ausflüge zusammen gemacht haben, sind Freundschaft oder Bekanntschaft dann wieder zerronnen, ausgelaufen wie Wasser aus einem Krug, den man eigentlich nur aus Versehen umgeworfen hat, und nun sehen wir uns nicht mehr und sprechen uns nicht mehr und rufen uns eben auch nicht mehr an. Das Memorial dieser erloschenen Beziehungen ist das Telefonbuch, so lange, bis ich es irgendwann ersetze, weil zu viele nicht mehr gewählte Nummern darin notiert sind.

Und so ist es auch mit manchen Adressen aus anderen Städten oder Ländern in meinem Adreßbuch. Eine Zeitlang sind Briefe und E-Mails hin- und hergegangen, wir haben uns manchmal angerufen, uns manchmal besucht, aber irgendwann verstummte das angefangene Gespräch, und es bleibt beim Anblick der Adresse nur die Erinnerung an ein vages Versprechen auf eine

Freundschaft, die aus vielerlei Gründen oder ganz ohne Gründe dann doch nicht die »dauernde, stille, ganz süße und ganz feine Wärme, die nicht sengt und nicht verletzt«, erzeugt hat, die Montaigne wahrer Freundschaft zuschreibt, sondern im besten Fall ein paar Momente geteilter Erfahrung bewahrt. Denn irgendwo sagt Montaigne – aber nicht in dem berühmten Essay »Über die Freundschaft« – auch, »es gibt keine Freundschaft, es gibt nur Momente der Freundschaft«.

Einige echte Zerwürfnisse, bei denen Scherben geflogen und die ohne Versöhnung geblieben sind, gab es natürlich auch; dann sollte eben Schluß sein, Schluß! Eigentlich schmerzen diese vollzogenen scharfen Trennungen weniger als all die verflogenen Funken der Hoffnung auf Freundschaft und Miteinandersein beim Gedanken an die anderen, die ich nicht mehr anrufe und die mich nicht mehr anrufen und mit denen man, wenn man sie dann doch einmal irgendwo in unserer kleinen Stadt oder in der großen Welt trifft, ein kurzes »wie geht's?«, »sehr gut, und selbst?« austauscht, bevor jeder seiner Wege geht, die sich offensichtlich schon lange getrennt haben.

Nach vielen grauen Regentagen gab es heute endlich einmal wieder einen hellen Vormittag, ich saß auf dem Balkon in der Sonne und sah den Möwen nach, die tief durch den Korridor unserer Straße fliegen, und betrachtete dann das Durcheinander, das sich auf unserem Balkon türmt und an dem ich sonst meist vorbeisehe – das Durcheinander von ausrangierten Gerätschaften, Kartons mit ausgeleerten Farbtuben und Terpentinbehältern, die ich endlich einmal zum Sondermüll bringen müßte, alte Fuß- und Federbälle, der verrostete Russenlaster, das ebenso verrostete Dreirad und andere Spielsachen, die ihr aktives Leben schon lange beendet haben, aber die wegzuwerfen ich nicht übers Herz bringe. Ihr Anblick, einfach ihr Dasein vergegenwärtigen und verbinden mich sozusagen noch physisch mit der Zeit, als meine Söhne noch Kinder waren, und mit ihren Freunden, an denen mein Herz auch noch immer hängt und denen ich die Verwandlung in erwachsene Männer noch ebensowenig glauben kann. Vor allem die Freunde des jüngeren waren hier viel zu Besuch, spielten hier, übernachteten hier, verbrachten Wochenenden mit uns, wir haben sie manchmal mit in die Ferien genommen, Michael, genannt Maiku, Mosche, genannt Mischka, Schimon, Gabriel, Isaak und Benjamin, genannt Bin, einige Daniels und mehrere Raphaels, von denen einer sein Erzfreund und Herzensbruder war und immer geblieben ist. Wie viele Male habe ich sie zum Schwimmkurs oder zum Fußballclub begleitet, zu Ferienspielen oder Geburtstagen gebracht und wieder abgeholt, hinten in mein Auto gestapelt, bis sich die Eltern in dem Jahr, als sie alle ungefähr gleichzeitig dreizehn Jahre alt wurden, zu einer Art Fahrbereitschaft organisierten, um die Jungen zu ihren Bar-Mizwa-Feiern zu chauffieren, die in diesem Jahr so gut wie jede Woche stattfanden; sie waren schon zu groß, um unbedingt in Begleitung ihrer Eltern zu feiern, aber noch zu klein, um selbst Auto zu fahren.

Unmittelbar nach der Bar Mizwa verwandelten sich die Jungen, man konnte ihnen täglich dabei zusehen, in jugendliche Halbstarke, es kamen die Jahre der großen Fragen nach Sein und Sinn, die nächtelang diskutiert wurden, bevor sich nach dem Abitur die Wege trennten. Einige der Freunde gingen auf die Universität, einige auf die Jeschiwa, meistens nach Israel, und manche entschlossen sich, noch ganz andere Wege zu gehen, die sie für weniger konventionell hielten und auf denen sie zum Teil noch immer unterwegs sind, während andere Familien gegründet und Kinder bekommen haben oder schon wieder geschieden sind. So leben sie jetzt über die Welt verstreut oder in abgelegenen Orten Frankreichs, wenige noch in Straßburg und viele natürlich in Paris, wo früher oder später alle Franzosen landen, die es zu etwas bringen wollen, gerade wenn sie aus der Provinz aufgebrochen sind.

Ab und zu schauen manche von den Daniels und mehreren Raphaels noch vorbei, wenn sie für Feiertage oder Feste zu ihren Eltern nach Straßburg zurückkehren, und wenn ich sie treffe, erkenne ich sie merkwürdigerweise gerade an dem, was sich doch am meisten verändert hat, wieder, ihrer Stimme; ja, sie haben jetzt Männerstimmen, aber die Eigenart ihrer Modulation, die Verzögerungen oder Hastigkeit ihres Sprechens haben sie beibehalten. Sie fragen mich nach meiner Arbeit und wohin ich reise, erkundigen sich nach Erfolg und den Auflagen meiner Bücher und erinnern mich an die Kindergeburtstage, an denen wir »Topfschlagen« spielten, und an unsere Katze natürlich, die für sie eine große Attraktion war, denn aus unerfindlichen Gründen sind bei den jüdischen Familien hier Haustiere unerwünscht und deshalb ausgeschlossen, nur wir hatten dieses ungeschriebene Gesetz durchbrochen und für diese Überschreitung bei den Eltern so großes Mißfallen und Unverständnis geerntet wie bei ihren Kindern Begeisterung. Alle Freunde liebten unsere Katze, der Erzfreund Raphael schmiedete im Alter von vier Jahren sogar Pläne, sie zu heiraten, um eine echte Verwandtschaft herzustellen, die noch dadurch verstärkt werden sollte, daß unser Sohn dann Raphaels Schwester heiratete, dann könnten sie alle vier bis zu ihrem Lebensende glücklich zusammenleben.

Aber schließlich hat Raphael doch eine Menschenfrau geheiratet und lebt mit ihr jetzt in Nizza. Von unseren beiden Söhnen, die in der Straße des Anfangs aufgewachsen sind, ist der eine nach vielen Jahren in Paris nach Berlin – soll ich sagen: zurückgekehrt, in die Stadt, in der er geboren wurde und wo ich ihn jetzt manchmal besuche, wo er mir nun Gegenden und ganze Stadtteile entdeckt, die ich nie gekannt habe. Der andere Sohn lebt nun schon lange in Paris, zusammen mit Anaël, die er ja schon kannte, als sie noch in unserer Straße wohnte, in der WG schräg gegenüber der »falschen Einfahrt«, neben dem Restaurant »Tomate«.

Wie in jedem Jahr sind auch in diesem Sommer zur *Fête de la musique* am 21. Juni im Durchgang durch den SoCoLoPo-Block Tische und Stühle aufgestellt worden, um ein großes Picknick zu veranstalten, das kurz vor dem Ende des Sommers, zu seinem Abschied, noch einmal wiederholt werden wird. Bis tief in die Nacht kann man die Musik der vielen Völker hören und dazu ihre Speisen essen. Da gibt es Grillwürste und Couscous, Apfel- und Zwetschkenkuchen, orientalisches, afrikanisches und asiatisches Gebäck, das so unterschiedlich ist wie die Musik, die nacheinander, manchmal auch gleichzeitig erklingt, denn jeder, der dazu Lust hat, kann spielen, was er möchte. Es werden Spiele und Quiz für Kinder und Erwachsene veranstaltet, und man kann an verschiedenen Ständen alles mögliche kaufen und damit meist auch noch gute Zwecke in der Nachbarschaft unterstützen. In diesem Jahr stellte sich an einem der Stände ein vor kurzem gegründeter Verein vor, der sich für ein friedliches Zusammenleben aller SoCoLoPo-Bewohner einsetzen, bei der Eingliederung helfen, bei Konflikten vermitteln, Solidarität und gegenseitigen Respekt unter den verschiedenen Gruppen fördern und überhaupt die Interessen aller Bewohner vertreten will, welcher Art sie auch seien. Ein Kindertheater und eine Tanzgruppe hat der Verein schon gegründet, und nun will er ein ständiges Büro einrichten, in dem man sich nach allem erkundigen und alles zur Sprache bringen kann, eine Art Friedensengel-Zentrale.

Dazu paßt, daß jetzt auch die Stadt ganz offiziell in der Durchgangsstraße, in der das Restaurant *Fleur de lotus* neu eröffnet hat und die Dealer weiter in friedlicher Eintracht neben der Kinderkrippe leben, ein »Haus des Rechts« eingerichtet hat. Das »Haus« besteht zwar nur aus einer Wohnung im Erdgeschoß, aber jeder kann sich dort während bestimmter Sprechstunden über alles beraten lassen, was Recht und Ordnung anbelangt, darüber geben ihm Rechtsanwälte, Notare, Gerichtsvollzieher Auskunft, kostenlos und natürlich vertraulich.

So ist in letzter Zeit einiges ein bißchen in Bewegung geraten in unserem Viertel und unserer Straße, manches hat sich unmerklich gewandelt und manches ist nicht zu übersehen. Einige Zeichen deuten auf eine *boboïsation* hin, wie man die Gentrifizierung hier nennt. Der Teil unseres Wohnblocks auf der gegenüberliegenden Seite des Hofes, die wir *côté jardin* nennen, ist schon seit geraumer Zeit renoviert und rekonstruiert worden, alle Bewohner waren ausgezogen, freiwillig oder unfreiwillig, darunter auch der Verrückte, der immer vom Balkon pinkelte. Und jetzt sind neue Leute eingezogen, jüngere, besser aussehende, der Verrückte ist nicht wieder zurückgekommen.

Der Bäcker bäckt neuerdings neben der klassischen Baguette auch Vollkornschrippen, die manchmal schon um neun Uhr ausverkauft sind, und wenn am Freitag *Le Monde des livres* erscheint, muß man sich jetzt auch schon beeilen, um sie am frühen Nachmittag noch zu bekommen. Murat veranstaltet neuerdings in der Brasserie Konzerte, gestern abend spielte Enzo Dimitri »Jazz Manouche«.

Neben dem Bäcker gab es früher einen winzigen Naturkostladen, eine Art Reformhaus mit dem Namen *Le serpent vert*, also »Die grüne Schlange«, in dem es nach Gesundheit roch und eigentlich immer nur ein paar Sonderlinge einkauften, so auch Lotte; dort mußte sie sich nicht schief angucken lassen, wenn sie eingehend alle Zutaten erfragte. Später zog der Laden ein paar Straßen weiter, in einen Hinterhof, die Sonderlinge und Lotte folgten ihm, und er dümpelte weiter unbemerkt vor sich hin, bis eines Tages der Umschwung kam und eine noch nie gesehene Kundschaft mit schikken dicken Autos in den Hinterhof einfuhr und anfing, kistenweise Bioprodukte zu kaufen, so daß in dem kleinen Laden eine zweite Kasse eröffnet und neue Regale aufgestellt werden mußten, fast wie im Supermarkt sah es da aus. Von seinem Erfolg und dem neuen Trend überrannt, wurde der kleine Naturkostladen schließlich von einer Bio-Supermarkt-Kette aufgekauft, die auch schon an anderen Orten in der Stadt kleine Läden geschluckt hat.

Wir erleben sie also gerade einmal wieder in einer Periode des Aufschwungs, unsere Straße des Anfangs. Eine Periode des Niedergangs wird wohl unweigerlich folgen, und der schon so lange andauernde Rhythmus von Aufschwung und Niedergang wird sich erhalten, denke ich mir. Noch hauchen die mit Plastikbändern verklebten Autowracks weiter ihre Leben aus neben den Citroëns und Renaults der Professoren von der Wiwifak und den Autos mit abgedunkelten Scheiben des neuen Stamms im Nebenhaus, wenigstens einer der Verrückten brüllt noch, und das »andere Frankreich« kreuzt weiterhin schlurfend die Wege der vielen Völker, die sich nach dem Rhythmus der Weltkonflikte erneuern, hier auf der Straße und in Murats Brasserie. Der dreibeinige Hund mit seinem schütteren Fell zieht sein Mannfrauchen an der Leine, das mich krachend mit ihrem *b'schur, M'am* grüßt.

Ich sitze auf meinem Sonnenplätzchen auf dem Balkon, der zur Straße geht, in der manchmal Bäume,

Hunde und Rabbiner fliegen, halb in Träumen und halb in Gedanken über die schon ziemlich lange Zeit, die ich hier habe vorbeiziehen sehen, und den kleinen Weltraum unserer Straße, die nach überallhin offen und doch auch ein bißchen geschlossen ist und von der so oft gesagt wird, ach ja, in der Straße haben wir am Anfang auch gewohnt.

Barbara Honigmann im dtv

»Sinnlich, lebendig, lebensklug.«
Jürgen Verdofsky in ›Literaturen‹

Alles, alles Liebe!
Roman
ISBN 978-3-423-**13135**-3

Mitte der 70er Jahre. Anna, eine junge jüdische Frau in Ost-Berlin geht als Regisseurin an ein Provinztheater. Zurück bleiben ihre Freunde, ihre Mutter, ihre ganze Existenz. Und nicht zuletzt Leon, ihr Geliebter.

Damals, dann und danach
ISBN 978-3-423-**13008**-0

Ein überaus persönliches Buch, das von vier Generationen erzählt und davon, wie eng Gestern und Heute verknüpft sind.

Ein Kapitel aus meinem Leben
ISBN 978-3-423-**13478**-1

Das Leben einer außergewöhnlichen Frau im Europa der Kriege und Diktaturen.

Roman von einem Kinde
ISBN 978-3-423-**12893**-3

Sechs literarische Erzählungen, die einen direkten Eindruck vom Leben einer im Nachkriegsdeutschland geborenen Jüdin geben.

Eine Liebe aus nichts
ISBN 978-3-423-**13716**-4

Zwei ineinander verflochtene Geschichten, vom Vater, dem Journalisten Georg Honigmann, seiner Tochter und deren Auf- und Ausbruch aus Deutschland und ihrer gescheiterten Liebe.

Soharas Reise
Roman
ISBN 978-3-423-**13843**-7

Sohara, algerische Jüdin, nach Frankreich »repatriiert«, erzählt von Lebensreisen, Exil und Aufbruch – und von einer bewegenden Emanzipation.

Bilder von A.
ISBN 978-3-423-**14240**-3

Ein Erinnerungs- und Nachruf an A., den bedeutenden Theaterregisseur, der ihr Lebensmensch war und der jetzt tot ist.

Chronik meiner Straße
ISBN 978-3-423-**14542**-8

Eine kleine Straße in Frankreich als Spiegel der großen Welt und ihrer Konflikte.

Bitte besuchen Sie uns im Internet: www.dtv.de

Irene Dische im dtv

»Irene Dische besitzt einen Humor, der nicht den Zeigefinger hebt, sondern angelsächsisch lustig ein Zwinkern vorzieht.«
Rolf Michaelis in ›Die Zeit‹

Der Doktor braucht ein Heim
Übers. v. Reinhard Kaiser
ISBN 978-3-423-**13839**-0
Brillante Erzählung, in der die Tochter ihren Vater in ein Altenheim bringt und der betagte Nobelpreisträger sein turbulentes Leben Revue passieren lässt.

Ein Job
Kriminalroman
Übers. v. Reinhard Kaiser
ISBN 978-3-423-**13019**-6
Ein kurdischer Killer in New York – ein Kriminalroman voll grotesker Komik.

Fromme Lügen
Übers. v. Otto Bayer und Monika Elwenspoek
ISBN 978-3-423-**13751**-5
Irene Disches legendäres Debüt: Erzählungen von Außenseitern und Gestrandeten.

Großmama packt aus
Roman
Übers. v. Reinhard Kaiser
ISBN 978-3-423-**13521**-4
»›Großmama packt aus‹ zeigt das Gesamtbild bürgerlicher Familienkatastrophen. Unbarmherzig, liebevoll, hinreißend.« (Michael Naumann in der ›Zeit‹)

Loves / Lieben
Übers. v. Reinhard Kaiser
ISBN 978-3-423-**13665**-5
Irene Disches Liebesgeschichten sind eigentlich moralische Erzählungen. Sie suchen nach Gerechtigkeit und finden sie nicht. Denn die Liebe ist zutiefst unfair.

Clarissas empfindsame Reise
Roman
Übers. v. Reinhard Kaiser
ISBN 978-3-423-**13904**-5
Um ihren Liebeskummer zu vergessen, will Clarissa nach New York reisen. Stattdessen landet sie aber in Miami, mitten in einem erhitzten Wahlkampffrühling.

Veränderungen über einen Deutschen oder Ein fremdes Gefühl
Roman
ISBN 978-3-423-**13958**-8
Die Geschichte eines Mannes, der nicht weiß, was Liebe ist – und schließlich so etwas wie die vollkommene Liebe findet.

Paula Fox im dtv

»Die beste amerikanische Autorin unserer Zeit.«
Brigitte

Was am Ende bleibt
Roman
Übers. v. Sylvia Höfer
ISBN 978-3-423-**12971**-8

Psychogramm einer Ehe und des amerikanischen Mittelstands. Ein Meisterwerk der klassischen Moderne.

Lauras Schweigen
Roman
Übers. v. Susanne Röckel
ISBN 978-3-423-**14209**-0

Ein einziger Abend und der darauffolgende Tag werden geschildert – und dabei die ganze Geschichte einer Familie erzählt.

In fremden Kleidern
Geschichte einer Jugend
Übers. v. Susanne Röckel
ISBN 978-3-423-**13346**-3

Paula Fox hat ein Buch der Erinnerungen an ihre Kindheit vorgelegt, ein bewegendes und erschütterndes Werk.

Pech für George
Roman
Übers. v. Susanne Röckel
ISBN 978-3-423-**13438**-5

George ist Lehrer und unzufrieden mit seinem Leben und seiner Ehe. Ein Befreiungsversuch führt fast in die Katastrophe.

Der kälteste Winter
Erinnerungen an das befreite Europa
Übers. v. Ingo Herzke
ISBN 978-3-423-**13646**-4

1946 reiste Paula Fox auf einem umgebauten Kriegsschiff ins befreite Europa …

Die Zigarette und andere Stories
Übers. v. Karen Nölle und Hans-Ulrich Möhring
ISBN 978-3-423-**14340**-0

Die besten Erzählungen aus den Jahren 1965 bis 2010.

Ulla Hahn im dtv

»So fair, so sensibel, so humorvoll und bitter wie Ulla Hahn haben nur wenige die Aufbaujahre der Bundesrepublik beschrieben.«
Nikolaus von Festenberg in ›Der Spiegel‹

Ein Mann im Haus

Roman

ISBN 978-3-423-**12745**-7

Eine Frau schmiedet ihrem Geliebten goldene Fesseln und kettet ihn an sich, an ihr Haus, an ihr Bett. Sie macht ihn sich in einem präzise erdachten, grausamen Unterwerfungsprozess untertan, aus Rache für die jahrelange Verfügbarkeit und Willfährigkeit, die von ihr erwartet wurde. »Eine unbarmherzigere Geschichte gab es lange nicht zu lesen.« *Hubert Winkels in ›Tempo‹*

Das verborgene Wort

Roman

ISBN 978-3-423-**13089**-9 und
ISBN 978-3-423-**21055**-3

Ein Mädchen, Arbeiterkind, stößt im Deutschland der 50er und 60er Jahre an die Grenzen einer Welt, in der Sprache und Phantasie nichts gelten. Doch es sucht den Weg in die Freiheit, in die Freiheit des verborgenen Worts. »Ein wichtiges, schönes, schreckliches Buch über das Erwachsenwerden, Wachwerden, Menschwerden.« *Erdmute Klein im ›Rheinischen Merkur‹*

Aufbruch

Roman

ISBN 978-3-423-**13993**-9

Ihr Leben scheint vorgezeichnet: Kinder, Küche, Kirche. Doch Hilla träumt sich weg aus dem Dorf am Rhein. Nichts kann dem Kind kleiner Leute die Sehnsucht nach der Freiheit des Geistes austreiben. Unverhofft bietet sich ihr ein neues Leben: Abitur, Studium, eine selbst gewählte Zukunft liegt vor ihr.

Margriet de Moor im dtv

»Ich möchte meinen Leser genau in diesen zweideutigen Zustand versetzen, in dem die Gesetze der Wirklichkeit aufgehoben sind.«
Margriet de Moor

Erst grau dann weiß dann blau
Roman
Übers. v. Heike Baryga
ISBN 978-3-423-**12073**-9

Der Virtuose
Roman
Übers. v. Helga van Beuningen
ISBN 978-3-423-**12330**-3

Herzog von Ägypten
Roman
Übers. v. Helga van Beuningen
ISBN 978-3-423-**12716**-5

Kreutzersonate
Eine Liebesgeschichte
Übers. v. Helga van Beuningen
ISBN 978-3-423-**13226**-8

Rückenansicht
Erzählungen
Übers. v. Rotraut Keller
ISBN 978-3-423-**12101**-9

Sturmflut
Roman
Übers. v. Helga van Beuningen
ISBN 978-3-423-**13635**-8

Der Jongleur
Ein Divertimento
Roman
Übers. v. Helga van Beuningen
ISBN 978-3-423-**13869**-7

Der Maler und das Mädchen
Roman
Übers. v. Helga van Beuningen
ISBN 978-3-423-**14190**-1

Mélodie d'amour
Roman
Übers. v. Helga van Beuningen
ISBN 978-3-423-**14440**-7